于之伟 李鹏◎主编
李正军◎著

帝国的归宿

清朝卷

中国华侨出版社
·北京·

图书在版编目（CIP）数据

帝国的归宿. 清朝卷 / 李正军著. —北京：中国华侨出版社，
2017.12

ISBN 978-7-5113-7246-8

Ⅰ.①帝… Ⅱ.①李… Ⅲ.①中国历史—清代—通俗读物
Ⅳ.① K209

中国版本图书馆 CIP 数据核字（2017）第 297398 号

帝国的归宿. 清朝卷

著　　者 / 李正军

责任编辑 / 高文喆　王　嘉

责任校对 / 高晓华

经　　销 / 新华书店

开　　本 / 880 毫米 × 1230 毫米　1/32　印张 / 8　字数 /177 千字

印　　刷 / 北京溢漾印刷有限公司

版　　次 / 2018 年 5 月第 1 版　2018 年 5 月第 1 次印刷

书　　号 / ISBN 978-7-5113-7246-8

定　　价 / 32.00 元

中国华侨出版社　北京市朝阳区静安里 26 号通成达大厦 3 层　邮编：100028

法律顾问：陈鹰律师事务所

编辑部：（010）64443056　　64443979

发行部：（010）64443051　　传真：（010）64439708

网　　址：www.oveaschin.com

E-mail：oveaschin@sina.com

序

钱穆先生说到中华文化的三个特点，一是历史悠久，二是不间断，三是记载详密。环顾全球，恐怕没有哪个民族如中华民族这样重视历史。中国可以说是世界上历史最为完备的国家。

学习历史的意义何在？我理解应该有三个层次：第一，了解我们的先人是如何生活、如何思考的；第二，了解我们的民族是如何发展、繁衍至今的；第三，从中摸索出一些规律，以推动和促进我们当下的生活。很多人在学生时代或多或少对历史都有一点恐惧心理，枯燥的时间地点，乏味的典章制度，为了应付各种考试，不得不死记硬背。但是，当我们积累了一些社会经验，增长了一些人生阅历之后，却会发现，生活中时时处处都有历史的影子在摇曳，那感觉似是而又非、真切而又恍惚，今天好像是昨天的重现，但却又与昨天有着完全不同的意义。这一切，驱动着你想去探寻，是什么造成了昨与今之间的同与不同，是什么导致了今与昨之进步与反动。这就是历史的魅力所在。

前辈学者阐释学习历史的态度时，特别指出，对于本国历史应该持有一种温情与敬意，应该有一种理解之同情。只有满怀温情与敬意、抱着理解之同情，才能同时摒弃妄自菲薄与狂妄自大，以一颗平常心去面对我们民族五千年的文明史，并从中有所收获。

新中国成立以前，人民受教育程度普遍偏低，普罗大众的历史知识主要来自两种通俗文艺形式——评书和戏剧。义务教育普及的今天，历史仍然是大众读物乃至大众娱乐的重要内容。充斥银幕的热播剧、各大图书排行榜上的畅销书，许多都是以历史为题材。另外，学者皓首穷经的研究成果，则很少有人问津。冷静一想，这种现象不仅发生在我们大陆，即便在今日之美国、日本以及中国的台湾、香港，也无不如此。在世界华人社会里，是陈寅恪的《柳如是别传》，还是金庸的《鹿鼎记》发行量大？同是"三国"，读《三国志》的有几人，《三国演义》却是家喻户晓。小说《三国演义》《鹿鼎记》乃至电视剧《三国演义》《鹿鼎记》等对培养青少年历史兴趣的功能不容忽视。回想我们这一代历史学者，有多少人是因为读《三国演义》《水浒传》而喜欢上历史并走上专业研究道路，又有多少人一开始就是捧读《史记》《资治通鉴》的？显然是前者。

因此，不必鄙视大众读物，不必轻视大众读物乃至影视作品对于唤起人们对历史、对历史学产生兴趣的作用。同时，不可否认的是，有些大众读物、影视作品粗制滥造，闹了很多令人啼笑皆非的笑话，造成了不良影响。

《帝国的归宿》丛书出版在即，中国华侨出版社的年轻朋友嘱我为这套通俗历史读物写一篇序言。丛书将"以史为鉴，可以知兴衰"作为选题宗旨，详述秦汉隋唐宋元明清等主要朝代的兴亡过程。粗读全稿，与一般历史读物相比似乎并无特别之处。细读之下，却感受到了其中的与众不同。丛书作者都是在科研、教育一线的青年史学工作者，他们秉持史学研究的科学方法，带着一份学术的尊严，投身大众读物创作，其热情与严谨洋溢于字里行间。全稿宏大叙事与历史细节并重，在正确的史学理论之下，从史料出发，切实做到了言必有据。特别难能可贵的是，不少作者将学界的新成果融会贯通，以普通读者喜闻乐见的方式进行传播和推广，这就是我们通常所说的科学普及工作。这一点在丛书的唐朝卷、元朝卷、明朝卷中都有很好的体现。

相信，这套丛书能够在众多大众历史读物中脱颖而出，得到广大读者的认可。

是为序。

方志远 丁酉秋九月望日

目　录

第一章

大清土地上晃动着的西方身影

第一节　国门坍塌

一、世界的那一边

中国封建社会的历史很长，直到鸦片战争前，中国还是清王朝统治下的封建国家。清朝建国之初，康熙（1662—1722年）、雍正（1723—1735年）、乾隆（1736—1795年）等几个皇帝，还比较注意关心农业生产，抑制土地兼并，并能积极抵抗外国的侵略，因而一度经济繁荣，国势强盛，号称"康乾盛世"。到乾隆后期，清朝的统治便开始走下坡路了，嘉庆（1796—1820年）、道光（1821—1850年）年间，更是日益明显地出现了政治黑暗、吏治败坏、自然经济解体、财政困难、军备废弛的情况。以吏治而言，乾隆的宠臣和珅，当政二十年，贪赃枉法，作恶多端。乾隆去世后，嘉庆皇帝抄了他的家，全部财产竟达白银八亿两，大致相当于国库二十年的收入！嘉庆时的军机大臣曹振镛，善于阿谀奉承，看风使舵，一辈子官运亨通，青云直上。有人要他传授

做官的秘诀，他说："无他，但多磕头少说话耳。"在经济方面，小农业与家庭手工业相结合的自然经济仍占主导地位，土地兼并越来越严重，广大农民受到不断增加的地租、赋税、徭役及高利贷的盘剥，阶级矛盾日益尖锐。军备方面，问题也相当严重。八旗兵和绿营兵，吸鸦片、开赌场、做买卖，奸淫掳掠、欺压百姓，什么坏事都干，就是不会打仗。武器也破旧不堪，山海关这样的国防重地，仅有的几门大炮，还是明朝的遗物，早已生锈，不能使用。封建统治越腐败，劳动人民的苦难也就越深重。贵族、官僚和地主，大肆兼并土地，榨取高额地租。和珅一人占地八十多万亩，占地几万亩、几千亩的大地主更是比比皆是。失去土地的农民，能当上佃户就算是幸运的了。许多人背井离乡，沦为流民乞丐，饥寒交迫，只好起来造反。嘉庆年间，南方的白莲教大起义，坚持九年，波及五省；北方的天理教起义，大闹北京城，甚至攻入皇宫。清王朝的统治处于风雨飘摇之中，已经到了日暮途穷的地步。鸦片战争前的中国社会也出现了新的历史因素，这就是正在生长着的资本主义萌芽，但仅仅是萌芽而已，远不能改变中国社会在封建道路上缓慢运行的历史现实。就在清王朝走向衰落的时候，英、法、美各国的资本主义却在迅速发展。

与此相反，17世纪中叶以后西方社会发生了革命性的变化，西方各国陆续进入了资本主义社会，生产力得到了空前的发展。"资产阶级在它的不到一百年的阶级统治中所创造的生产力，比过去一切世代创造的全部生产力还要多，还要大。"这场变革并不仅仅发生在西方个别国家，而是一场遍及欧美大陆的意义深远的社会巨变。

这场变革首先是从英国开始的。17 世纪中叶以前，英国仅指英吉利王国，其领域只有英格兰和威尔士，并不包括苏格兰。当时的英国，还是一个典型的农业国家，城市很小，除伦敦有 20 多万人口外，其他城市居民最多也不过 2 万余人。农村以封建领主的庄园为中心，土地是国王、贵族和教会的财产，农民没有土地所有权，必须租种地主的土地，向地主缴纳定期的封建地租。新航路发现以后，英国的工业得到巨大发展，以毛织工业为主的手工工场日益普遍，特别是"圈地运动"，致使成千上万的农民倾家荡产，流离失所，广大农村成为羊群的世界，广大农民背井离乡，成为工场的雇佣劳动者，由此破坏了英国农村的封建庄园制度，使英国的封建土地所有制开始变为资产阶级土地所有制，为英国资本主义工商业的迅速发展创造了条件。几乎与清朝入主中原的同时，英国的资产阶级革命爆发，在人类历史上资本主义第一次取得了对封建主义的重大胜利。18 世纪 60 年代，英国发起了第一次工业革命，工业革命的过程是发明促进发展，各工业部门连锁反应。纺织业由手摇纺纱机，到水力纺纱机，再到水力织布机；机器制造业则出现了意义重大的蒸汽发动机。纺织机和蒸汽机的技术革命引起了煤炭工业、钢铁工业和农业、交通业、海上运输业的一系列技术革命，由此带来了英国社会生产力的飞跃发展。1700 年，英国的煤产量仅为 260 万吨，1836 年增加到 3000 万吨。生铁的产量由 1740 年的 1.7 万吨增加到 1840 年的 140 万吨。棉花产量由 18 世纪 70 年代的 500 万磅，增加到 1841 年的 52800 万磅。到 1830 年，在 20 年间英国已筑成铁路近 1 万公里。伴随着生产的飞速发展：国家城市化趋势加快，除首都伦敦由 20 余万人的中等城市发展为 250 万人的大城市外，曼彻斯特、伯明翰、兰开夏等一批新兴城市纷纷涌现。到 19 世纪初期，城市人口已经约占英国总人口的三分之二。英国工业革命使英国产品在世界市场上占据了垄断地位。可以说，英国是世界市场唯一的工业品供应者，工业革命为英国成为"世界工厂"奠定了坚实的基础。

法国资本主义的发展仅次于英国。17 世纪，法国的手工业开始进入手工工场阶段。18 世纪，手工工场更加发达，冶炼、采煤等工业中出现集中的大规模生产。1789—1794 年，法国爆发了轰轰烈烈的资产阶级革命。这是一次翻天覆地的社会大革命，它使封建贵族遭到毁灭性的打击，使法国社会的经济、政治发生了根本的变革，为资本主义的广泛发展扫清了道路，极大地促进了法国工业生产的迅速上升。生铁产量 1814 年仅 10 万吨，1840 年即增加到 35 万吨；煤产量 1831 年为 176 万吨，1847 年就增加到 515 万吨；棉织业产量 1815—1840 年间增加了 2 倍；1830 年开始修建铁路，到 1846 年，通车里程达 1500 多公里，正在修建的还有 500 多公里。法国在北美和印度的殖民势力虽然不断遭到英国殖民势力的排挤，但仍然是仅次于英国的殖民主义强国。

早在法国资产阶级革命之前，即 1775—1783 年，美国就取得了反对英国殖民主义的革命战争的胜利，建立了美利坚合众国。这时的美国，人口只有 300 万，资本主义还很弱小。19 世纪上半叶，它从法国购得路易斯安那，从西班牙购得佛罗里达，并从墨西哥夺得得克萨斯和加利福尼亚，1867 年又从俄国购得阿拉斯加，从而变成了一个从大西洋到太平洋的幅员辽阔的大国，资本主义迅速发展起来。机械纺织的纱锭数在 1805 年只有 4500 锭，到 1825 年增加到 80 万锭，1850 年已将近 500 万锭。1850 年，铁路线已长达 1.5 万公里，居世界第一位。19 世纪初，美国乘欧洲混战之机，迅速发展商业。1805 年，美国商人活跃于世界各地，掌握了国际贸易的三分之一，并获取了巨额利润。

德国和俄国资本主义的兴起，时间晚于英、法、美。德国从 19 世纪 30 年代起，资本主义工业有了较快的增长。1835 年前后，一批新兴的工业城市陆续出现，第一条铁路开始通车。到 19 世纪 50—60 年代，普鲁士在容克地主领导下，得到资产阶级的支持，自上而下地进行了德意志民族的统一运动，使得资本主义的工业生产迅速发展。俄国早在 17 世纪中叶，就兼并乌克兰，征服西伯利亚。彼得一世后，又打败瑞典，将白俄罗斯、波罗的海沿岸地区、北高加索、摩尔达维亚、波兰、芬兰等地陆续并入俄国版图。17 世纪中叶，俄国的势力一直东扩至中国的黑龙江流域。19 世纪中叶以后，俄国势力又吞并了中亚各国，侵及中国的新疆地区。与此同时，沙皇俄国废除了农奴制，开始了资产阶级的改革。

整个西方社会经过 17 世纪至 19 世纪 200 年的历史进程，资产阶级已占据了统治地位，资本主义的生产关系基本确立，资产阶级的革命陆续完成。到 19 世纪中叶以后，资本主义已经发展到极盛时代。新兴的资产阶级将西方社会推进到了一个新的时代，而建立了大清王朝的满族贵族，却仍然因袭着中国封建社会的传统老路缓慢地爬行着。如果说，中国的封建社会与西方的封建社会都曾创造过各自的辉煌，甚至中国的封建社会还拥有过令人骄傲的亮点的话，那么，到鸦片战争前夕，双方的距离便瞬间拉开了，西方先进了，中国落后了。

二、贸易·鸦片·条约

英国商船第一次到达中国是在 1637 年，1699 年，英国东印度公司在广州设立商馆，中英之间开始有了正式的贸易关系。早期的中英贸易，英国商品遇到了两大障碍：一是清政府采取严格的限制贸易政策，对外通商仅限于广州一口，而且只有经过特许的商人组成的"公行"（"十三洋行"），才能跟外国人做生意；二是在自然经济占主导地位的中国，农民生产自己所需要的粮食和几乎全部生活用品，很少依赖市场，并且，他们在地主阶级残酷的压榨下，生活极为穷苦，也买不起外国的商品。因此，在相当长的一段时期内，英国的工业品很难在中国市场上销售。英国资本家为了获得中国的茶叶和生丝，不得不运来大量银元。

18 世纪后期，在正当的中英贸易上，中国始终处于出超地位。1781年~1790年，中国输往英国的商品，仅茶叶一项，即达9600多万银元。1781~1793年，英国输入中国的呢绒、布匹等工业品，只有1600多万银元，还不到中国输入英国茶价的六分之一。

贪婪成性的英国资本家当然不甘心于这种状况。为了牟取暴利，他们竟无耻地把鸦片大量地偷运到中国来。鸦片俗称大烟，又叫阿芙蓉，原产于印度等地，是一种麻醉性的毒品，久吸上瘾，使人身体虚弱，精神萎靡，成为废物。鸦片输入中国虽然很早，但最初只是作为治病的药材，数量很少，康熙年间，每年只进口二百箱（每箱一百斤到一百二十斤）左右。1757年，英国东印度公司占领孟加拉后，开始有计划地强迫印度农民大量种植鸦片向中国倾销。到嘉庆年间，每年运到中国的鸦片达4000多箱。

嘉庆初年，清政府开始禁止鸦片进口，但由于政治腐败，长时期没有产生任何效果。英国鸦片贩子贿赂清朝官员，大量鸦片走私。沿海一带负责查拿烟贩的官吏，明里挂着禁烟的招牌，暗里接受贿赂，包庇、纵容鸦片走私。例如，广州水师副将韩肇庆，利用巡海缉私的便利，与外国鸦片贩子达成默契，每私放10000箱鸦片进口，除收取一笔贿金外，还让巡船扣下几百箱鸦片，作为缉获的赃物，向上司衙门报功请赏。于是，韩肇庆反以缉私得力，被提升为总兵。在这种情况下，鸦片走私越来越猖獗。到鸦片战争前夕的1838年，鸦片进口竟猛增到35000多箱。除英国外，美国和沙俄也向中国偷运鸦片。

鸦片走私使英国资产阶级发了横财，却给中华民族带来深重

的灾难。首先遭殃的是广大劳动人民。一方面，鸦片输入的激增，使中国对外贸易出现了严重的入超，造成白银的大量外流。1840年前的20年，中国外流的白银达到一亿两。白银大量外流，引起银价不断上涨。18世纪末期，一两白银换铜钱一千文，1838年涨到一千五百文。清政府规定纳税用白银计算，按稻谷一石值铜钱五百文计，原来农民卖谷两石，完税一两还有余，现在农民完税一两，就得卖谷三石以上。所以，白银外流愈多，劳动人民的生活就愈恶化。另一方面，据1835年的估计，全国吸食鸦片的人数在200万以上。鸦片很贵，一个吸鸦片的人，一年要耗银36两，200万人就要耗银7200万两！鸦片吸食者绝大部分是贵族、官僚、地主、商人及其依附者。他们的这笔庞大开销，都是靠加重剥削和勒索得来的，沉重的负担最终还是落在了劳动百姓的头上。

劳动百姓深受鸦片之害，强烈要求禁烟。1838年12月，广州人民曾自发地举行万人大示威，包围洋馆，愤怒声讨英、美侵略者干涉广州地方政府处决鸦片贩子的罪行。示威群众用石块、瓦片袭击商馆，狠狠打击了侵略者。

鸦片走私也给清政府的统治带来了新的困难。官吏、士兵吸鸦片，使吏治更加败坏，军队更加失去战斗力。而白银的源源外流，也使它的财政陷入窘境。于是，朝廷里议论纷纷，出现了几派意见。

弛禁派。弛禁就是不禁。这一派以太常寺卿许乃济为代表。

他认为既然禁令不起作用，走私日益猖獗，还不如干脆允许鸦片合法输入，照药材纳税，同时听任民间种鸦片，以土烟抵制洋烟。开禁后，不准官员和士兵吸食；民间贩卖吸食，一律勿论。这显然是一种养痈遗患，不顾百姓死活的办法，客观上代表了中外鸦片贩子的利益。

严禁派。这一派的代表人物是湖广总督林则徐。他为了维护封建国家的利益，主张严厉禁烟，特别是严惩吸食者。林则徐（1785—1850 年），福建侯官人，为官清廉正直，具有爱国思想，是当时清朝有见识的大臣。他在湖广总督任上，就在汉口、长沙等地设禁烟局，收缴烟土烟枪，配制戒烟药丸，限令吸烟的人定期戒绝，成效显著，受到广大人民的赞扬。1838 年，林则徐上书道光皇帝，指出如听任鸦片大量输入，那么，数十年后，不仅"几无可以御敌之兵"，而且"无可以充饷之银"，大局将不堪设想，因此，非严禁不可。

维持现状派。这一派以首席军机大臣穆彰阿和直隶总督琦善为代表，人数最多，势力最大。他们中间有的直接参与鸦片走私，有的大量接受贿赂，有的本身就是鸦片鬼。他们既反对严禁，也反对弛禁，主张维持现状，以便继续上下其手，浑水摸鱼。

当时的最高统治者道光皇帝，是一个平庸的封建君主，缺乏雄才大略，遇事动摇不定。他有很深的种族偏见，偏袒满洲贵族，不信任汉族大臣。但兵与饷是封建政权的两大支柱，林则徐的话触及了他的痛处，使他暂时地站到了严禁派的一边。1838 年底，

他任命林则徐为钦差大臣，到广东查禁鸦片。

林则徐的禁烟主张，引起国内外反动势力的极端仇视。当时内有穆彰阿、琦善等人的阻挠中伤，外有英美鸦片贩子的抗拒破坏。他们狼狈为奸，伺机反扑。林则徐对这种情况是有所了解的，他为了维护国家利益和民族尊严，决心置个人"祸福荣辱于度外"，前往广州为中国除患。

1839 年 3 月，林则徐到达广州，看到广州人民反对鸦片走私的高昂斗志，深受鼓舞，立即与两广总督邓廷桢、广东水师提督关天培等整顿海防，捉拿烟贩，惩处受贿放私的水师官弁。同时，林则徐通知外国商人在三天内将所存鸦片全部交出，听候处理，并写下保证书："永不夹带鸦片，如有带来，一经查出，货尽没官，人即正法。"他又向中外宣布："若鸦片一日未绝，本大臣一日不回，誓与此事相始终，断无中止之理。"表示决心禁绝鸦片。

中国的禁烟运动，沉重打击了外国侵略者。由于中国人民坚持禁烟斗争，英、美鸦片贩子自 1838 年 4 月下旬起，陆续交出鸦片 19000 多箱零 2100 多袋，共约 237 万多斤。林则徐下令将所缴鸦片在虎门海滩当众全部销毁，从 6 月 3 日起，连续 20 余天才销毁干净。去现场观看的广州城乡群众，无不拍手称快。虎门销烟是中国人民禁烟斗争的伟大胜利。民族英雄林则徐领导的禁烟运动，给英国侵略者以沉重的打击。它向全世界表明了中国人民维护民族尊严和反抗外国侵略的坚强决心。

英国资产阶级早就想发动侵略中国的战争。1839 年 8 月，义律缴烟的消息传到伦敦，英国资产阶级立即发出狂热的战争叫嚣。他们叫嚷：中国禁烟"给了我们一个战争的机会"，"这种机会也许不会再来，是不能轻易放过的"。10月，英国政府决定发动侵华战争，并于1840年2月，英国政府任命海军少将乔治·懿律和驻华商务监督查理·义律为正副全权代表，并以懿律为侵华英军总司令。4月，英国议会以9票的多数正式通过发动战争的决议案，派兵侵略中国。6月初，懿律率战舰和其他船只40余艘、士兵四千余名组成的"东方远征军"到达中国海面，第一次鸦片战争爆发。这场战争是英国资产阶级"旨在维护鸦片贸易而发动和进行的对华战争"。

这次战争经历了两年，到1842年8月11日第一次鸦片战争结束。

1842年8月29日，中英签订了《南京条约》，这是中国近代史上第一个丧权辱国的不平等条约。其主要内容是：（1）中国割让香港岛；（2）向英国赔款2100万元，其中烟价600万元，300万元偿还商债务，军费1200万元；（3）中国开放广州、福州、厦门、宁波、上海等五处为通商口岸，英国可以在通商口岸派驻领事等官员；（4）协定关税，中国丧失了关税自主权；（5）取消以往英商只准与清政府指定的行商进行贸易的限制，英商可以自由与中国商人进行贸易；（6）享有领事裁判权，英国人在中国犯罪可不受中国法律制裁。

中英《南京条约》签订后，美国和法国也趁火打劫，先后派

兵船来华，胁迫清政府签订了中美《望厦条约》和中法《黄埔条约》。比利时、瑞典、挪威等西方国家也争相要求给予各种特权，清政府一概允准，不受中国法律的制裁；除中英《南京条约》享受到特权，外国侵略者又享有外国兵船可以在中国领海和内河自由行驶，可以在通商口岸自由传教，片面最惠国待遇，中国给一个国家的权益，其他各国都可以援例享受的特权。

三、从沿海到内陆

第一次鸦片战争以后，外国侵略者凭借同清政府签订的一系列不平等条约所获得的特权，加紧对中国进行经济侵略。但是，在鸦片战争以后，中国的自然经济结构并没有发生多大变化，人们几乎完全自给自足，对市场的需求十分有限，这就使得西方资本主义国家的商品难以打开市场。英国于 1847 年发生经济危机，1848 年继续不景气，迫切需要继续扩大掠夺和发动战争。

1856 年 10 月，英国以"亚罗"号船事件为借口，于 10 月 23 日突然进攻广州，悍然发动了侵略中国的第二次鸦片战争。不久，法国以"马神甫"事件为借口，与英国联合攻陷广州。1858 年 5 月英法联军从广东沿海北上，攻陷了大沽口，侵占了天津，并扬言进攻北京。

清政府急忙派大学士桂良、吏部尚书花沙纳为钦差大臣前往天津求和。1858 年 6 月，英、法及其同伙美国和俄国，强迫清政府签订了不平等的《天津条约》。

《天津条约》签订后，英、法侵略者对于从中国攫取的特权远不满足，蓄意利用换约之机重新挑起战争，以便攫取更多的特权。1859年6月，英法联军再次进犯大沽口，向岸上炮台轰击。清军奋起抵抗，激战一昼夜，击沉英舰四艘，伤六艘，俘获两艘，毙伤英军四百六十多人。1860年2月，英法集了两万五千多名侵略军，猖狂入侵。4月攻占舟山，8月攻占大沽炮台，随后又相继攻占天津、通州，迫近北京。9月22日，咸丰皇帝携后妃及亲信大臣逃往热河避暑山庄，留下其弟恭亲王奕訢处理北京事务，向侵略者谈判求和。10月，英法联军进入永定门，控制了北京城。侵略者肆意奸淫烧杀，洗劫并烧毁了圆明园，对中国人民犯下了滔天罪行。清政府乞和，分别与英、法、俄国签订了《北京条约》，交换了《天津条约》的批准书。

第二次鸦片战争的失败，使中国丧失了大片国土和更多的主权。从此，外国侵略势力不仅限于东南沿海一带，而且扩大到沿海各省，并深入到内地，中国的半殖民地化进一步加深了。

19世纪的最后30年，是世界资本主义开始向帝国主义过渡的时期。各资本主义国家加紧对落后国家的掠夺，把侵略魔爪伸向中国的邻邦朝鲜和越南，并进而对中国的西北、西南、东南进行侵犯，使中国出现了严重的边疆危机。

在西北，俄国和英国展开了争夺中国新疆的斗争。1865年4月，浩罕国军事头目阿古柏率兵入侵新疆，并在英、俄的支持下成立了哲德沙尔傀儡政权。1871年6月，沙俄悍然出兵占领伊犁

地区九城。 1876 年 3 月，左宗棠率清军进入新疆，在新疆人民的支持下，击溃了阿古柏的反动武装，收复了除伊犁地区以外的全部领土，粉碎了英、俄利用阿古柏政权吞并中国新疆的阴谋。1881 年，中俄签订了《伊犁条约》和《陆路通商章程》，中国收回了伊犁九城，但俄国仍割占了霍尔果斯河以西大片领土，并取得了赔款和通商贸易等特权。嗣后，俄国又强迫清政府签订了一系列勘界议定书，割去中国七万多平方公里土地。

在东南，1874 年日军在美国的支持下，悍然侵犯中国台湾。台湾人民为保卫家园，进行了英勇的抗击。在日军压力之下，最后清政府被迫与日本订立了《台事专约》三条，承认琉球为日本属国，赔偿日本兵费 50 万两。

在西南，英国入侵中国的云南和西藏，并借口马嘉理事件，强迫清政府于 1876 年 9 月 23 日签订了中英《烟台条约》，进一步扩大了侵华权益。

在列强侵略中国近邻和中国边疆的过程中，法国一直企图侵占越南，以便开辟一条通往中国的道路。1883 年 12 月爆发了中法战争。中国军队在老将冯子材的率领和黑旗军的配合下，取得了镇南关和谅山之战的胜利。但腐败的清朝统治者却与法国签订了《中法新约》，使中国不败而败，法国不胜而胜。从此，法国取得越南的宗主权，法国的侵略势力深入中国的云南和广西。

四、《马关条约》与"门户开放"

日本企图侵占朝鲜和中国，蓄谋已久。1894年5月，日本趁朝鲜发生内乱，劝诱清政府出兵朝鲜，阴谋把清政府拖入预设的战争陷阱。清政府应朝鲜政府要求，于6月5日派兵1500百人屯驻朝鲜牙山。日本即趁机派兵一万余人，占据了从仁川到汉城一带的战略要地。

在战争一触即发的时候，李鸿章一心避战求和，电令牙山清军"静守勿动"，并把希望寄托在列强出面"调停"上。7月25日，日舰队在朝鲜半岛海面偷袭中国舰船，击沉高升号。同时，日陆军进攻牙山清军。清政府被迫于8月1日对日宣战。同一天，日本也正式对华宣战。

9月中旬，日军分四路进攻平壤。左宝贵、马玉昆、卫汝贵率清军英勇抵抗，而主帅叶志超却贪生怕死带头逃跑，致使军心大乱，平壤为日军所占。左宝贵在战斗中牺牲。9月17日，中日海军在黄海进行了激战。北洋水师提督丁汝昌指挥官兵英勇作战，管带邓世昌、林永升等为国殉难。日舰受重创后被迫退出战场，清舰追击十二海里后收师返回。北洋舰队粉碎了日本"聚歼清舰于黄海"的狂妄计划。

10月下旬，日军分两路入侵中国。一路渡过鸭绿江，连陷丹东、海城等地。另一路从辽东半岛花园口登陆，进逼金州。驻旅

顺的爱国将领徐邦道赴金州迎敌，孤军奋战伤亡惨重，金州、旅顺陷于敌手。1895 年 1 月，日军在山东半岛成山头登陆，水陆夹击威海卫。李鸿章严令丁汝昌不许出战，如违令出战虽胜亦罪。北洋舰队坐困港中，全军覆灭，丁汝昌宁死不降自杀殉国，威海卫失陷。同月，清政府调集部队六万余人，由两江总督刘坤一指挥，出关作战，由于将领的无能和军队的腐败，连续丢失牛庄、营口、田台庄等地，退到锦州附近。

由于军事上的连连失败，清廷内部的投降势力大肆活跃。光绪皇帝迫于形势，派李鸿章为全权代表赴日谈判。1895 年 4 月 17 日，李鸿章和日方代表伊藤博文签订了丧权辱国的中日《马关条约》。

《马关条约》是《南京条约》以来最严重的卖国条约之一。它严重地损害了中国领土主权的完整，加重了中国人民的沉重负担，便利了帝国主义向中国大量输出资本和掠夺财富，助长了帝国主义瓜分中国的野心，中国社会的半殖民地化大大地加深了。俄、德、法三国，向日本施加压力，日本被迫退还辽东半岛，但以"还辽"为名，向中国索取三千万两白银。俄国乘机向清政府索取还辽的报酬，于 1895 年冬迫使清政府同意俄舰到胶州湾"过冬"。1896 年 6 月，李鸿章出使俄国与俄国签订了《中俄密约》，俄国势力伸入中国东北地区，取得了经营中东铁路的权利。1898 年 3 月 27 日，沙俄又强迫清政府签订了《旅大租地条约》，把辽东半岛控制在自己手中，使东北全境成为俄国的势力范围。

1897 年 11 月，德国借口两名传教士被杀事件，出兵占领胶州湾。次年 3 月 6 日，德国与清政府签订《胶澳租借条约》，规定德国租借胶州湾 99 年，准许德国在山东境内修筑铁路，使山东变成了德国的势力范围。

法国于 1895 年侵占中国云南边境上的勐乌、乌得两地，强迫清政府同意增开河口、思茅为商埠，取得在两广、云南的开矿优先权。1897 年，法国又强迫清政府同意不把海南岛割让给其他国家。1899 年 11 月 16 日，中法签订《广州湾租界条约》，法国强租了广州湾及其附近水面，租期 99 年，并逼迫清政府不把云南、两广割让给他国。从此，云南、广东、广西三省成为法国的势力范围。

英国认为俄、法等国在华势力的迅速扩张，严重影响了它的在华利益。1898 年 6 月，英国强迫清政府签订《展拓香港界址专条》，强租九龙半岛 99 年。7 月 1 日签订了《订租威海卫专约》，将刘公岛及在威海卫湾内各岛和沿岸十英里的地方租给英国，租期 25 年。

在列强瓜分中国的狂潮中，美国来迟了一步。1899 年 9 月，美国政府分别照会英、俄、德、日、意、法等国，提出了对华"门户开放"的政策。其主要内容是：美国承认各国在华的势力范围和已取得的特权；要求在各国的租借地的势力范围内享有均等的贸易机会，要求中国内地全部开放，使列强都享有投资权力。"门户开放"政策的目的，是企图在"机会均等"的口号下，缓和帝国主义列强争夺中国的矛盾，并保持中国市场对美国商品自由开放，以便运用自己的经济优势掠夺中国。"门户开放"政策，既肯定了各国在华的势力范围和既得利益，又使列强加强了对中国的共同宰割。

五、八国联军侵华

维新运动失败后，在中国大地上兴起了一个以农民为主体的反帝爱国斗争高潮，这就是义和团运动。义和团运动是帝国主义侵略加深、民族灾难空前严重的产物，是甲午战争后中国人民反侵略、反瓜分斗争的深入和继续，也是反洋教斗争的汇合。义和团原名义和拳，是民间反清秘密结社组织，成员主要是农民和手工业者。凡入团者，即练拳学功，自称能刀枪不入。义和团没有统一的领导机构，其基层组织称"坛"或"团"，人数多则百余，少则二三十人。若干基层组织合并的坛，多者数万人，少者数千人。面对蓬勃发展的义和团运动，清廷内部以李鸿章、张之洞为代表的大官僚，主张严厉镇压，从而免除列强出兵入境之祸；另一种意见主张招抚，承认义和团的合法地位。慈禧太后决定采取抚的策略。一方面，她看到义和团的势力已遍及京津，无法扑灭，只有采取抚的办法，才能避免义和团烧向洋人的烈火烧到自己头上；另一方面，戊戌政变后，她准备废掉光绪另立新帝，但英、美、日等国不予支持，她阴谋借义和团赶跑洋人，或借洋人消灭义和团，自己从中投机渔利。6月16日，慈禧命刚毅、董福祥把义和团招募成军，义和团取得了合法地位，更加活跃。

义和团反帝爱国运动的迅猛发展，引起了帝国主义的恐慌。1900 年 4 月，当义和团刚刚向北京近郊发展时，俄国公使就要求清政府进行镇压。英、美、法、德四国公使照会清政府，限令两个月以内将义和团剿除，否则将出兵"代为剿平"。5 月，义和团在京、津一带迅猛发展，各国公使纷纷电请本国出兵。6 月 10 日，俄、英、美、日、德、法、意、奥等八国组成侵略联军，由英国海军中将西摩尔率领，从天津进犯北京，沿途遭到义和团的坚决抵抗。从 6 月 16 日起，慈禧连续召开会议，于 6 月 21 日向各国宣战。22 日，进犯北京的西摩尔联军败退逃回天津。在北京方面，义和团去攻打东交民巷外国使馆和西什库教堂。慈禧却派人送米面、瓜果蔬菜到使馆慰问，并派人竖立木牌曰："钦奉懿旨，力护使馆。"因此，八国联军宣布他们的作战对象不是中国政府，而是帮助中国政府平息"叛乱"。

八国联军在攻占大沽炮台后，大举进犯天津。义和团战士以大无畏的精神同侵略军浴血奋战。6 月 18 日，两千多名俄国侵略军进犯天津老龙头火车站，被义和团歼灭五百多人，使侵略者无法利用铁路运兵。7 月，义和团一度攻入租界，焚毁了三井洋行等。帝国主义不得不调兵增援，从大沽登陆的侵略军达一万八千余人。7 月 13 日，八国联军分两路进攻天津，义和团奋力死战，因力量悬殊被迫撤出，天津失陷。

天津失陷后，慈禧派荣禄向列强求和，表示愿意道歉、惩凶

和赔款。但是，帝国主义决心攻下北京以谋取更大的权益。8月2日，联军近两万人沿运河西岸进攻北京，13日进抵北京城下。这时，清军的总兵力有十多万人，但负责防务的荣禄却带头逃跑，只剩下义和团抵抗。14日，侵略军攻陷北京，慈禧逃往西安。途中，她一面授权李鸿章向列强投降媾和，一面下令对义和团"痛加剿除"。

1901年9月7日，清政府的全权代表庆亲王奕劻和直隶总督李鸿章，与英、俄、法、美、日、德、意、奥、西、荷、比等十一个国家的代表，在北京签订了《辛丑条约》。其主要内容是：（一）清政府向各国赔款4.5亿白银，分39年还清，本息共计9.8亿；（二）在北京设立使馆区，各国可以在使馆区驻兵，中国人不许在使馆区内居住；（三）拆除大沽炮台及北京到大沽沿路炮台，从北京到山海关十二个战略要地，准许各国派兵驻守，中国在两年内不准输入军火及制造军火的机器；（四）惩办在义和团运动中和帝国主义作对的官员，永远禁止中国人民成立或加入反帝性质的各种组织，违者处死，各级官员必须负责镇压中国人民的反帝斗争，否则立即革职，永不叙用；（五）把总理各国事务衙门改为外务部，并"班列六部之前"，以办理今后对外各国的交涉。

《辛丑条约》是帝国主义强加给中国的空前严重的不平等条约，通过这个条约，帝国主义粗暴地干涉中国的内政，残酷地勒索中国人民，从政治、经济、军事、外交等方面加强了对中国的共同宰割和控制。以慈禧为代表的清朝统治集团，一切唯洋人是听，成了"洋人的朝廷"。从此，中国完全沦为半殖民地半封建社会。

从 1840 年鸦片战争开始，到 1901 年《辛丑条约》签订，是中国社会发生急剧变化的时期。一方面，由于外国资本主义的入侵，迫使清政府一步步屈服，使中国由一个主权独立的国家，逐步沦为列强共同宰割控制的半殖民地国家；另一方面，从 19 世纪 60 年代开始，由于中国资本主义的产生和发展，使中国从封建社会逐渐变为半封建社会。

第二节　扣住经济命脉

一、国中之国

鸦片战争前，清政府实行闭关政策，只允许外国商人在广州一地贸易，而且必须经过官方指定的公行即"十三行"进行。《南京条约》规定开放广州、厦门、福州、宁波、上海为通商口岸。第二次鸦片战争中签订的《天津条约》又规定开放牛庄（后改营口）、登州（后改烟台）、台湾（台南）、潮州（后改汕头）、琼州、镇江、南京、九江、汉口、淡水等十个口岸。《北京条约》又增加了天津为通商口岸。陆路还向俄国开放了伊犁、塔尔巴哈台、喀什噶尔、库伦等商埠。这些商埠从沿海深入到内地，从南方伸展到北方。从此，整个中国都向资本主义世界开放了。到1911年辛亥革命前夕，全国开放的商埠已达八十二个。这些商埠成了外国侵略者在中国进行掠夺活动的基地。他们还在这些通商口岸开辟租界，变成由他们直接统治的"国中之国"。1911年，帝国主义已在十五个商埠中设立了三十多个租界。

在 1864 年前，中国的对外贸易一直是出超。从 1865 年开始就出现了入超，在这以后除了 1872—1876 年这五年曾一度转为小量出超之外，则一直是入超，而且逆差数额愈来愈大。据统计，1865—1868 年间，每年平均进口总值为 6200 万海关两，出口总值为 5460 万海关两，入超 740 万海关两。而 1890—1894 年，每年平均进口总值增到 14200 万海关两，出口总值增到 10700 多万海关两，入超增加到 3400 余万海关两。进口的商品，在 80 年代以前，鸦片居于首位。从 80 年代开始，棉织品跃居首位，占进口总值的三分之一以上。出口的商品，在 80 年代以前，主要是茶叶和生丝，80 年代以后棉花、大豆等原料的出口逐渐增长。由于洋货的大量倾销，使得中国民族企业的产品和传统手工业品受到排挤，从而严重地阻碍了中国民族资本主义的发展。

二、白银堆成"东亚病夫"的帽子

罪恶的鸦片贸易给中国造成巨大的经济损失及严重的历史恶果。鸦片贸易是世界殖民主义侵略中国的开端，也是资本主义各国在经济上剥削中国人民的重要手段，从而也是致使中国贫穷落后的重要原因之一。

在 1840 年以前，中国还停留在封建主义社会，而西方的资本主义国家已经迅速发展起来，正积极向世界各地开拓殖民地市场以攫取暴利。当时中国还是一个物产丰盈，自给自足的大国。

在 1840 年以前，中国对外贸易始终处于每年顺差几十万到百万两以上白银的有利地位。

中国自给自足经济和清朝政府实行的闭关自守政策与殖民主义者开拓殖民地市场攫取暴利的要求是不相容的。因此，西方殖民主义者一方面采用商品倾销的办法以及伴以多次的武力威胁企图控制中国市场，但均未收效；另一方面在它们不能用正当商品贸易达到控制占领市场的目的时，则对中国进行了鸦片贸易，开始大量向中国走私贩运鸦片。

从第一次鸦片战争以后，外国侵略者强迫清政府签订了一系列不平等条约，外国的军舰商船可直接出入中国港口。于是帝国主义利用这种特权和条件大肆向中国输入鸦片，攫取暴利，成为它们掠夺中国财富的主要手段之一。一百多年来，资本主义各国从走私贩运鸦片中攫取了惊人的暴利，而中国则把巨大的财富（白银或其他物资）消耗在吸食毒品的"吞云吐雾"之中。所谓鸦片贸易的经济损失，即进口鸦片值多少中国的经济损失就是多少。因为中国用白银或其他物资换来无益而有害的毒品通过"吞云吐雾"，顷刻之间便化为乌有，而外国所得到的则是实际的财富。

罪恶的鸦片贸易不仅使中国蒙受了极大经济损失，也严重地毒害了中国人民的身心健康，使中国生产力受到极大摧残。最后帝国主义为维护其鸦片贸易利益，不断发动对华侵略战争，又使中国陷入半殖民地深渊，落得长期贫穷落后、受尽欺辱的悲惨境地。

综上所述，从 1773~1911 年，由于输入鸦片，中国的经济损失为 40~50 亿两白银。鸦片贸易给中国造成严重的历史恶果。

中国在鸦片贸易中的损失是巨大而惊人的。但是鸦片贸易所造成的严重历史恶果比直接的经济损失更为严重而巨大。这主要表现在：

首先，夺走了或搜刮走了中国发展资本主义近代工业最初的资本来源，使中国丧失了历史上的时机，对我国历史上经济的发展起了根本性破坏和阻碍作用。由于鸦片进口把中国仅有的经济余力都在"吞云吐雾"之中化为乌有，而无力再去购买必需的生活资料和生活必需品了。尤其在清政府统治的中、后期，中国社会经济处于资本主义萌芽阶段，迫切需要资金积累，然而现实却是几十亿两的白银外流，使中国最初的资本积累来源丧失，这对中国历史上经济的发展，确确实实起了"釜底抽薪"的根本性破坏作用，也可以说是中国长期贫穷落后的重要历史根源之一。

其次，鸦片贸易严重地毒害和损伤了中国人民的身心健康，极大地摧残了我国生产力，并使中国长期遭受"东亚病夫"之辱。由于鸦片大量输入，在旧中国"吸食鸦片遍天下"。全国各地鸦片烟馆到处都是。吸食鸦片遍及全国社会的各阶层。由于吸食鸦片成瘾，使千百万人身体衰弱，精力耗散，神志萎靡，而丧失劳动能力。所以鸦片既腐蚀了人们思想，又摧残了其身体。鸦片贸易对我国生产力起了极大的摧残破坏作用。

再次，由于鸦片贸易使大量财富外流，又造成物价上涨、货币贬值、财政收支困难，而加重了中国人民的负担和灾难。在满清政府统治的 268 年间（1644—1911 年），在前 160 多年（即 1807 年以前）国内银两与铜钱比价一直稳定在一两银合一千文铜钱水平。由于鸦片进口，大量白银外流，从 1808~1856 年的 49 年间，国内银价激烈上涨而铜钱贬值。银、钱比价由原来每两一千文上涨到两千文最高达两千二三百文。然而在满清政府时期规定，一切课税都要以银两缴纳，所以人民群众缴纳课税都要首先以票或以铜钱易银。结果随着银价上涨就加重了人民的负担，很多百姓为了缴纳赋税，倾家荡产。

最后，因为罪恶的鸦片贸易导致鸦片战争，使中国长期沦为半殖民地的被奴役境地。总之鸦片贸易给我国造成了后患无穷的恶果。鸦片贸易一方面造成中国长期贫穷落后，另一方面资本主义各国大发了横财，集聚了资本，迅速发展了工业和科学事业，形成中国与资本主义国家贫富极大悬殊的历史差距。

三、国库几乎被搬空

帝国主义勒索巨额赔款给中国人民造成了严重的经济损失和历史灾难。从 1840~1900 年，帝国主义不仅强迫满清政府签订了一系列丧权辱国的不平等条约，还勒索了大量赔款。仅由满清政府正式承认的赔款共达七亿二千三百多万两。这些赔款加上分期付款利息和赔款而借贷利息，实际为 16 亿多两白银。如：

1840年，第一次鸦片战争失败后，签订的第一个不平等条约《南京条约》，中国赔款给英国2100万银元。1860年，按中英《北京条约》、中法《北京条约》，中国赔款给英国、法国各800万两白银，共计1600万两。1871年，俄国侵占中国伊犁地区；1881年，清政府花900万卢布赎回，此费折白银500万两。1895年，按中日甲午战争失败后签订的《马关条约》，中国赔款给日本二亿两白银，另有辽东半岛赎回费3000万两，支付给日本在威海卫驻军费150万两，共为二亿三千一百五十万两白银。由于清政府无力支付，于是全部借款赔偿。所以此项赔款加借贷利息，实际共六亿多两白银。1900年，腐败的清政府勾结帝国主义镇压义和团运动，义和团运动失败后，帝国主义借机强迫清政府签订《辛丑条约》，向中国勒索所谓赔偿损失费4.5亿两白银，分39年还清，加上分期摊还利息，共10亿两白银左右。以上五笔赔款为七亿一千三百五十万两银，本息共计16亿多两白银。此外各帝国主义直接向各地方勒索的赔款还未计在内。还需要指出的是，这16亿多两白银是写在条约和为赔款而借贷合同上的数字。实际在赔款时由于帝国主义都将白银按比价折成金币（美元、英镑）偿付，随着金涨银跌，而中国支付的白银实际比此数大一倍还多。

战争赔款是中国人民遭受帝国主义列强欺凌、压榨处于悲惨生活境地的重大历史事件，给中国带来灾难性的后果。

首先，使中国人民承受了巨大的负担。据记载，在1895年

前后，清政府每年财政收入才八千万两白银左右。从甲午战争中国战败，到八国联军进入北京镇压义和团，在不到 7 年间，各帝国主义勒索赔款白银，等于中国政府 20 年财政收入的总合。清朝末期"卖谷十石易银三两"，也就是说一两银买谷合 1485 斤，16 亿两银可买 23760 亿斤谷，等于清末八年的全国产量价值。

其次，巨额赔款把中国从中央到地方的财政国库，几乎洗劫一空。实际上夺走了中国正常的国计民生周转基金，使中国完全丧失了经济独立能力。从 1895—1901 年帝国主义各国勒索中国 16 亿两银赔款（含利息），除把中国从中央到地方的国库洗劫一空外，又把中国政府主要财政资源——关税及许多内地税作抵押截留，完全断绝了中国政府财源，也断绝了中国发展民族资本主义经济的一切可能，使中国人民完全处于帝国主义赤裸裸的残酷剥削的水深火热之中。

再次，中国人民深受帝国主义、封建主义残酷剥削，压榨之苦越来越沉重。由于帝国主义勒索赔款，中国国库被洗劫，财源被截留，而旧中国历代反动政府又都是靠高利向外国借债维持统治。因此，一方面帝国主义趁机敲诈高利索要特权，政治上加强对中国人民统治，经济上进行残酷剥削；另一方面旧中国历代反动政府为借债对主权出卖再出卖，对人民搜刮再搜刮，使中国人民疾苦再疾苦。

在 1895 年签订《马关条约》赔款给日本二亿两白银，这些钱等于日本四年半的政府财政收入，对于日本的经济发展和富裕是起了举足轻重的历史性作用。据记载，1890 年日本国民经济总收入为二亿三千六百万元。获得中国赔款后的 1900 年，国民经济收入猛增到七亿三千六百万元，增两倍多。可想而知，假如中国突然增加收入为年财政收入四倍半，或为年国民经济总收入两倍多，会对中国历史经济起何等作用？

四、大清关税洋人说了算

世界上任何一个独立自主国家的海关都起着保护民族工业和民族经济发展，保护本国市场稳定，防止外国竞争和经济侵略的重要作用，同时也是进行平等贸易的保证，海关收入也是一个主权国家财政收入的重要来源之一。所以，海关自主权是国家独立自主的重要标志。正因为如此，海关自主权是帝国主义推销剩余产品、掠夺原料、进行不平等贸易攫取暴利的严重障碍。因此帝国主义对殖民地、半殖民地国家进行经济侵略，都必然首先控制或夺取海关大权。从 1843~1948 年长达 105 年的时间里，中国的海关大权逐步地完全被帝国主义夺取和控制。这使得中国遭受了巨大的经济损失，却为外国侵略者倾销剩余产品、掠夺中国的原料、进行不平等贸易打开了方便之门，而中国民族工商业则遭受了致命的摧残。可以说丧失海关自主权，是中国长期贫穷落后的另一个重要的历史经济原因。

在第一次鸦片战争失败后，1842 年中国与英国签订的《南京条约》中规定"应纳进口、出口货税、饷费，均宜秉公议定则例"。按此规定，中国海关进、出口税率多少不能由中国自己决定、自己说了算，而要与英国协商并经过英国同意才能算数。这样，帝国主义侵略中国一开始就首先剥夺了中国决定海关税率的自主权。根据这个不平等条约规定的"关税协定原则"，于1843年中英两国共同议定了中国历史上第一个海关协定税则。在这个协定税中，对中国主要进、出口货物税率，比中国原来实征的关税税率降低了58%~85%。

1844年，中国与美国签订的另一个不平等条约——《望厦条约》又把中国与美国的"协定关税原则和降低关税"待遇，扩大到适用于一切外国侵略者。在《望厦条约》中，美国提出了臭名昭著的"利益均沾"原则，这样，美国用"利益均沾"原则，又把英国得到的协定关税原则，变得适用于一切外国侵略者了。所以，从1844年以后，对外国侵略者普遍按1843年中英议定的关税则例降低了关税。

在1858年6月签订的中英《天津条约》又规定进一步减低关税，实行"值百抽五"原则。经过这次修改的"值百抽五"税率，比1843年中英协定税则中已大大降低了的关税税率降又低了13%~65%。而且说是"值百抽五"，但实际上有许多货物进口税也未达到5%，只有3%左右。

除此之外，列强还强迫清政府取消外国进口货物的内地税，减低子口税。这同样又照例适用于一切外国侵略者。从此一切外国对中国进、出口货物只缴纳一次包罗万象的2.5%的货税，就可遍运中国全境。2.5% 的税，对外国侵略者来说基本等于无税。而中国商人则仍处于"逢关抽税、遇卡抽厘"层层关卡的重负之下。殖民主义为了使洋货能在中国倾销，在 1872 年又强迫清政府承认，中国商人经销洋货也得享受只缴纳子口税一次，免征其他捐税待遇。这样就最后为外国侵略者在中国倾销商品和掠夺中国土特产及原料扫清了一切障碍。

在 1842 年以前，中国关税平均在 40% 左右，而从 1843—1912 年平均税率只有 3%~4% 左右。在不到一百年的时间，中国净损失关税收入 10 倍以上。再加上内地税，中国损失关税收入 20 倍。要把中国海关这么多年的经济损失计算得十分清楚是困难的，甚至是不可能的。因为一方面中国海关大权长期把持在外国人手中，有关海关重要数据都被他们控制，把持中国海关的外国人与外国商人如何从中作弊，中国人也是无从知道的。遗留下的一些资料既残缺不全又是无关紧要的。

其次，外国侵略者用阴谋、欺骗手段夺取了中国海关一切行政管理大权。从 1854 年以后，清朝的海关行政管理大权逐步操纵在外国人手里。在 1842 年《南京条约》签订后，以英国为首的驻上海外国领事，一直在阴谋夺取中国海关行政权。1854 年 7 月，英、美、法国领事指派英国人威妥玛（1855 年改由李泰国）、美国人卡尔、法国人斯密斯组成上海海关总税务司。中国最重要的上海海关大权，就这样被外国侵略者掠夺了。1863 年李泰国离任改由英国人赫德继任。这些外国人把持中国海关大权，如同强盗看门一样，每时每刻在危害着中国人民利益，他们做的都是损害中国人民利益的事情。

综上可见，由于中国丧失了海关关税自主权、海关行政管理权，为外国侵略者倾销产品、掠夺原料、进行不平等贸易、任意搜刮中国财富大开了方便之门，把中国变成了外国侵略者发财致富的基地。

五、赔本的买卖

自从 1840 年鸦片战争以后，特别是 1843 年中国丧失海关独立自主权以后，中国的对外贸易都由外国侵略者控制垄断。在这种情况下，它们绝对不可能对中国进行等价交换的平等贸易。其后一百多年，中国不仅对国际市场各种货物价格不能掌控，就连本国市场的对外贸易价格也不能自己作主，甚至中国进出口货物一切手续的承办、国际支付及各种数据，也统统掌握在洋人手中。所以，在一百多年间各帝国主义从中国的不平等的贸易中攫取了多少财富，中国遭受了多大经济损失，都是无法准确知道的。外国侵略者通过在垄断中国对外贸易中进行的极残酷的不平等贸易大发了横财，又使中国人"哑巴吃黄连"，有苦说不出。在一百多年间，资本主义、帝国主义各国对中国的不平等贸易，除了最大不平等的非人道的鸦片贸易之外，还主要表现在不平等的金银贸易、军火贸易上面。

首先，不平等的金银贸易。自从 1492 年哥伦布发现新大陆以后，大量金银被殖民主义者掠夺，并劫运到欧洲。这样就使对贵金属货币材料感到先天不足的新兴资本主义国家得到非常丰富的物质供应。但是到18世纪末为止，因为白银是各国主要货币材料，所以金银比价围绕在15：1，保持了长期稳定。从1816年英国正式采用金本位货币制，美国和拉美同盟国则采用金、银复本位制，到1871年止，金银比价保持在15：1以上、16：1以下的水平。在1871年，新兴的德意志帝国打败了老牌资本主义国家法兰西，取得50亿法郎赔款，仿效英国建立世界上第二个金本位货币制的国家。从此，世界金银比价开始激烈变动。仅在1873~1894年的21年间，金银比价就从15.93：1涨到32.59：1，即涨一倍多。到1909年金银比价又涨到40.29：1。

但中国金银比价与欧美市场的金银比价不同。在1687—1871年的一百多年时间里，欧美市场金银比价为15：1，而中国从1699—1750年的50多年里金银比价为10：1，也就是说在欧美用15两银换1两金，在中国用10两银就换一两金。于是在这一时期，资本主义各国商人，就向中国输入白银，换取黄金，即以银易金，从中获取高额利润。从1779年后，中国由于受外国商人以银易金，白银流入，黄金流出的影响，结果国内金少则银多，因此，中国金银比价涨到18：1。这时欧美市场金银比价仍为15：1左右，也就是说在欧美用1两金换15两银，在中国用1两金换18两银。于是外国商人又向中国输入黄金换取白银，又从以金易银中获取的利润。还有的外国商人运来比中国白银低

10%以上成色的银元换取等量十足成色银的价值，从而获取两者之间的质量差价。

由于清朝政府实行闭关自守政策，不与外国自由交往，不了解世界市场价格和外汇比率，而清朝皇帝腐败无能，只顾自己享乐，不问老百姓的疾苦和国家盛衰。从1807~1911年清朝瓦解的一百多年间，虽然有关输入低质银元和以金易银或以银易金的亏损问题的奏折无数，但一直未能解决。清政府的闭关自守和腐败使中国与世界金银市场比价长期存在着差异。而资本主义各国商人就利用这种差异，时而以金易银，时而以银易金，从中盘剥中国人民，获取高额利润。

金银贸易虽然给西方资本主义各国带来了巨额利润，然而中国藏金藏银毕竟有限度，加之以后金银比价又有变动，因而金银贸易逐渐变成不是获取高利的贸易了。从18世纪中叶以后，资本主义各国又以更高利润的鸦片贸易来代替，而金银交换变成附属性质的了。

其次，不平等的军火贸易。从鸦片战争后到清朝末期，为了镇压人民，维持反动统治，清政府把扩充军队，推向与中国经济根本不相适应的极端。清朝购买军火都是和各帝国主义诡秘进行的政治交易，而不是用主权国家正常经济贸易手段进行的，大多数军火进口海关不能过问，也无据可查。从太平天国以后进口军火价值多少也无记载，只能从清朝的军费开支中加以分析、概算。据记载，从太平天国运动以后，清政府军费开支约20亿两白银左右。在 1864 年镇压太平天国运动后，结算军费开支，仅经曾国藩、李鸿章、左宗棠之手，开支军费就达一亿多两白银，再加各省督军等开支，约当二亿两银左右。从 1856—1911 年的 55 年间，军费开支为 16 亿多两白银，而且清朝时的洋务费有许多是开办军工厂，费用也属军费开支范围，有些债务也是购买军火的。所以从 1856 年以后，清政府军费开支最少为 20 亿两白银。

六、明火执仗

在相当长的一段时间内，帝国主义通过鸦片贸易、勒索赔款、控制中国海关、垄断中国财政金融、进行不平等贸易等手段，从中国攫取惊人的财富。而它们野蛮地直接掠夺，霸占中国的财富，使中国遭受的损失则更为严重。1860 年英法联军和 1900 年八国联军攻占北京，是对我国金银财宝的两次大洗劫。

第二次鸦片战争中国失败后，1860 年英、法联军为强迫清政府签订不平等条约，从大沽登陆，经天津到北京，一路进行烧杀掠夺。进北京以后，将中国盖世无双、集中了中西建筑艺术精华、聚集了中国古今珍贵艺术品、凝结着中国劳动人民智慧和血汗的圆明园，洗劫一空，放火烧毁。

据记载：1860 年 10 月 5 日，侵略军占领北京海淀，6 日，闯入圆明园，就像一群恶狼一样疯狂掠劫。据当时一个侵略者的随军记者写道：谁也不知该拿什么东西，为了金子而把银子丢了，为了镶有珠玉的时针和宝石又把金子丢了。有一个叫赫里斯的英国军官一个人掠到的东西，找七个士兵帮运回营房，其中有一个七英尺高的金塔，还有一个缕金花盆，金缕之间又用白珊瑚雕成文字，金盆中栽一株高一英尺的金树，树上挂着红玉为核心的蓝宝石果子。到10月17日，英、法联军司令部又正式下令可以自由掠夺。从军官到士兵都拼命地抢劫。据一个英国的书记官写道："每个人都腰囊累累，满载而归。这时全园秩序最乱。法国兵营驻在园前，法人手持大棒，遇到珍贵可携者则攫而争夺，遇到珍贵不可携的如铜器、瓷器、楠木等物，则用大棒击毁，必至粉碎而后快。"为了消灭侵略者的强盗罪证，英、法联军司令部于10月18日又下令焚毁圆明园。

据一个参加焚园的侵略分子记载："焚毁命令发下后，不久看见了重重的烟雾，由树林中蜿蜒升起来。树林掩映着一座年代古久的广大殿宇，屋顶镶着黄黄的瓦，日光之下光芒闪烁，鳞鳞屋顶，构造奇异，只有中国想象力，才能构思出来。顷刻工夫，几十处地方，都冒出一缕缕浓烟密雾……千千万万的火焰……所有庙宇、宫殿、古远建筑，视为举国神圣庄严之物，其中收藏着历代富有皇家风味和精华的物品，都付之一炬了。以往数百年为人们所爱慕的崇物杰作，不复能触到人类眼帘了。"据当时参加掠劫以后又帮助清政府镇压太平天国的"常胜军"英国人戈登说："我们就这样以最野蛮的方式摧毁了世界上最宝贵的财富。"对此，1861年法国大文学家雨果在写给他朋友的信中，对英、法侵略者焚掠圆明园的滔天罪行曾痛斥说："有一天，两个强盗走进圆明园。一个掠了东西，一个放了火，仿佛战争得了胜利便可以从事掠劫了。在这两个胜利者瓜分赃款的条件下，圆明园就大规模地遭了蹂躏……把我们各大教堂的宝藏集拢在一起也是抵不上东方这个庞大的辉煌的博物院的。里面不但有各式各样的艺术杰作，并且堆积着金银珠宝。这个胜利者把口袋装满，那个把箱箧装满，他们手拉着手，笑嘻嘻地回到欧洲。这就是那两个强盗的历史。"

1900 年，英、美、法、德、日、俄、意、奥八国联军，从一踏上中国土地就疯狂烧杀掠劫。我国人民生命财产损失无数。据记载：在大沽口周围地区，帝国主义侵略军一上陆，就连日纵火焚烧。繁华的大沽竟被夷为平地，从大沽到北京之间一片荒凉，沿途房屋大都已成瓦砾之场。在天津，帝国主义侵略者进城后便疯狂屠杀中国人民，被掠劫之财物无计其数。外国侵略者对中国金银财宝任意尽情取拿，如入无人之境。在北京，八国联军除烧杀外，还进行了最野蛮、最疯狂的掠劫。据八国联军总司令德国统帅瓦德西供认，联军占领北京后，曾特许军队公开掠劫三日。美、英侵略者把掠来的东西造册，在使馆当众拍卖，卖的钱财按官阶高低分赃。俄国侵略军凶暴残忍尤为突出，皇宫中拿不走的大都被打得粉碎。通过这次大洗劫，使中国大量珍贵的历史文物，惨遭掠劫和毁坏。如翰林院所藏著名的《永乐大典》几乎丧失净尽，其他经史子集等珍本国书，共损失四万六千余册。有人说：经过这次洗劫，中国"自元、明以来之积蓄，上自典章文物，下

至国宝奇珍，扫地遂尽"。

以上侵略者两次对中国金银财宝的大洗劫，使我国遭受的巨大损失既无法估量也是永远不可弥补的。

第三节　控制中国的政治

　　帝国主义对中国政治侵略的主要方式是控制中国政府，操纵中国内政、外交，把清政府变成其代理人，共同镇压中国革命，统治中国人民，这也正是半殖民地国家的特征。

　　帝国主义对中国政治的控制是逐步实现的。鸦片战争时外国侵略者还只能通过清政府内那些投降派贵族大臣如穆彰阿、琦善、耆英、伊里布等人来进行某种有利于他们侵略的活动。但是，对于整个清政府他们还不能直接加以支配。第二次鸦片战争时期，英法联军占领了中国的首都北京，强迫清政府签订了《天津条约》和《北京条约》以后，情况就发生了重大的变化。《天津条约》的一项重要内容就是允许外国公使常驻北京。因此1801—1862年间，英、法、美、俄等西方列强就相继在北京建立了公使馆。本来，按照国际惯例，两国建交后应互派外交使节常驻对方首都。但当时西方列强公使驻京的性质却有所不同，他们是根据不平等条约以战胜者的姿态进入北京的。他们不是普通的外交官，而是清政府的"太上皇"。美国公使田贝就说过，他们经常教训清政府的大臣，什么事要做，什么事一定不许做，也就是他们可以在中国首都公然向中国政府发号施令。英国侵略分子阿思本说得更加露骨，公使驻京以后，"即可由清朝皇帝代替英国陆海军来执行警察任务，镇压中国人民的反抗，并惩罚那些对外国人不完全顺从的官吏"。在外国公使驻京之后不久，1861年，中国就发生了一场宫廷政变，即"北京政变"。曾经对外国侵略者抱有猜忌和强硬态度的肃顺等顽固派大臣被清除了，恭亲王奕訢和慈禧太后那拉氏掌握了政权。奕訢等人由于在第二次鸦片战争后期以媚外卖国的态度同外国侵略者进行交涉、谈判并与之签订卖国条约而受到他们的赏识。列强驻北京的公使，实际上就是这场政变的幕后导演，他们竭力扶植支持奕訢等媚外势力。因此，对"北京政变"的结果十分满意。英国公使普鲁斯向政府报告说："在北京建立了令人满意的关系，在某种程度上（我们）已成为这个政府的顾问。"他还说道："这个令人感觉满意的结果，全是几个月来私人交际所造成的。"

第二次鸦片战争后，外国侵略者逐渐操纵中国的政治与外交，1868年中国政府派出的第一个外交使团——蒲安臣使团，就是一个典型的例子。中国政府的外交使团竟然聘请刚卸任的美国公使蒲安臣为团长，给予"大清国大皇帝特派钦差办理中外交涉事务大臣"的头衔和大权，然后又配上一名英国人——英国使馆翻译柏卓安和一名法国人——海关法籍洋员德善为左、右协理。

再加上记名海关道志刚和礼部郎中孙家谷这样两名作为点缀并无实权的中国官员，拼凑成这样一个不伦不类的外交使团，前往欧美各国。蒲安臣身为中国使臣，代表的却是美国利益。他擅自与美国政府签订《中美续增条约》，又给予掠买华工等特权。这个使团还去了英、法、德、俄等国，直到 1870 年蒲安臣病死于俄国彼得堡，活动才宣告结束。

帝国主义还通过把持中国海关来控制中国的政治、经济和外交。旧中国海关的职权范围除了征收进出口关税外，还管理港口，主办邮政，甚至涉及与外国人交涉的各种事务。它的高级职员竟然全部都由外国人充任。其中海关最高官员总税务司俨然成了清朝中央政府的最高顾问，而各通商口岸的海关税务司则成了各地地方政府的高级顾问。由于他们的任期长、熟悉中国情况，因而往往比外交官所起的作用还要大。英国人赫德自 1863 年继李泰国任总税务司后，直到 1911 年死去为止，掌握中国海关大权达 48 年之久，成为显赫一时的英国侵华代表人物。他既被英国政府封为男爵，又被清政府授予尚书衔。1866 年，他曾向中国政府提出所谓《局外旁观论》，教训清政府必须遵守不平等条约。1876 年，他帮助英国诱迫李鸿章签订《烟台条约》。中法战争期间，他指使其亲信海关税务司英国人金登干充当中国政府的专使到巴黎与法国签订和约。1886 年，又派金登干代表清政府到里斯本与葡萄牙签订《中葡会议草约》。赫德还任意干涉中国内政，甚至插手清政府官员的任命。

帝国主义还经常勾结清政府镇压中国人民的革命斗争和爱国运动。1860年10月，在庆祝《北京条约》签订的宴会上，法、英、俄等国公使就表示要帮助刚向他们投降的清政府镇压太平天国革命。如法国公使葛罗向恭亲王奕訢公开提出："愿为中国攻剿发捻。"他们不但向清政府供应军火、船只，而且派外国军官组织"洋枪队"，甚至直接动用陆海军来血腥镇压太平天国运动。当中国人民掀起反洋教斗争，发生所谓"教案"时，外国侵略者更是穷凶极恶，指使清政府屠杀中国人民，处分对人民镇压不力的地方官。如贵州法国天主教胡缚理竟擅自由官驿递送照会，向清政府保举媚外官员，并无理要求撤换不顺从教会的地方官。英国公使罗淑亚甚至直接出京"查办"长江流域的反教会斗争。他带着军队沿长江西上，经南京、安庆、九江直至汉口，沿途对中国地方政府要挟、敲诈，要求赔款、"惩凶"。1899年，义和团运动在山东兴起后，美国公使康格公开出面，要求清政府立即撤换镇压义和团不力的山东巡抚毓贤，而派所谓"强有力"的人物袁世凯去山东。袁世凯升为山东巡抚之后，立即采取血腥手段屠杀义和团。1901年签订《辛丑条约》，帝国主义还强迫清政府作出永远禁止中国人成立或加入任何反帝组织的承诺。条约规定清政府各级官员必须"弹压惩办"中国人民的反帝斗争，如果镇压不力，"即行革职，永不叙用"。

为了控制中国的政治，把中国政府变成自己的驯服工具，外国侵略者特别注意并着力在中国政府中扶植、收买自己的代理人。

第二次鸦片战争之后，奕訢、文祥等满族贵族掌握了负责对外交涉的总理衙门，成了他们的得力走狗。在中外反动派共同镇压太平天国的过程中，他们又扶植了一批湘淮系军阀，如曾国藩、李鸿章之流。这些洋务派后来分别充任南洋大臣、北洋大臣及总督、巡抚，掌握了地方军政实权。至于一些买办出身的官僚如上海道吴健彰、杨坊等人则更是侵略者的忠实奴才。清末，帝国主义又看中了握有军权的北洋军阀头子袁世凯，支持他篡夺了辛亥革命果实。

帝国主义物色代理人的一个重要手段就是贿赂收买。如俄国政府就专门拨出了三百万卢布来收买李鸿章。这笔款被称为"李鸿章基金"。1896 年，清政府任命李鸿章为钦差大臣出使欧美，向各国"呈递国书，联络外交"。俄国沙皇特地派乌赫托姆斯基公爵（华俄道胜银行总经理）乘专轮到苏伊士运河迎接，随即把他送到俄国首都彼得堡。俄国政府用尽威胁、利诱、欺骗、收买等种种手段，终于使李鸿章与之签订《中俄密约》，从而攫取了修筑中东铁路等项的特权。

帝国主义就这样通过种种方式控制了中国的政治，把中国的封建统治者变成自己的驯服工具和忠实走狗，互相勾结起来压迫、剥削中国人民。

第四节 "盗窃中国人的心"

帝国主义列强在对中国实行政治控制和经济掠夺的同时，对于麻醉中国人民精神的方面，也不放松，这就是它们的文化侵略政策。传教、办医院、办学校、办报纸和吸引留学生等，就是这个侵略政策的实施。其目的，在于造就服从他们的知识干部和愚弄广大的中国人民。

一、传教士的身影

16世纪，随着西方殖民势力的东来，西方天主教传教士也进入中国，有的甚至来到北京，在宫廷钦天监等处供职。有的传教士竟狂妄地宣称要对中国发动"精神战争"，"用十字架征服中国"。明末清初，中国的天主教徒已发展到十几万人。18世纪初，由于罗马教皇宣布不准中国教徒祭祖祭孔，康熙皇帝遂下令禁止并取缔天主教，传教士被迫转入秘密活动。19世纪初，基督教（即新教，主要在英、美）教会也派遣传教士来中国。第一个来华的是英国传教士马礼逊，他曾在东印度公司任职，并当过首任英国驻华商务监督的秘书兼翻译。第一批来华的基督教传教士就参与了西方资本主义列强对中国的侵略活动。如 1832 年德国传教士郭士立曾受英国东印度公司派遣，乘坐鸦片走私船"阿美士德号"，以传教为掩护，在中国沿海进行了长达几个月的间谍侦察活动，刺探了广州、厦门、福州、宁波、上海等港口的防务和各种政治、军事、经济情报，并竭力鼓吹对中国发动武装侵略。西方传教士在广州编辑的《中国丛报》还进行战争煽动，宣称清朝的联合舰队没有能力驱逐一艘只配备数名欧籍武装人员的商船，鼓吹用大炮来迫使清朝降服。有的在华基督教传教士还直接参与了罪恶的鸦片战争。如德国传教士郭士立就曾一度被任命为统治舟山的民政官，并参与中英《南京条约》的谈判。而美国传教士伯驾则直接参与签订中美《望厦条约》，以后成了美国驻华公使。第二次鸦片战争期间，在北京的俄国东正教传教士向俄国公使和英法联军提供了有关清军在大沽口的设防情况和详细的北京地图。在 1860 年法国强迫清政府订立中法《北京条约》时，担任翻译的法国传教士甚至还在条约的中文本中，偷偷添上条约的法文原本上所没有的"并任法国传教士在各省租买田地，建造自便"的字句。从此，西方传教士就可以自由进入中国各地城乡，霸占土地，建造教堂，扩充教会势力。

从 19 世纪 60 年代以后，外国传教士大批来到中国。他们进入中国内地，甚至来到穷乡僻壤、边疆与少数民族地区。这些传

教士中的不少人用欺骗讹诈、强迫捐献、盗买盗卖、低价勒索、占领垦地等种种手段霸占土地，建造教堂，剥削佃户，出租房地产。他们还包揽词讼、包庇教徒中的民族败类和不法分子，强迫教民抛弃中国传统礼俗，甚至公开干涉中国内政、残杀中国人民。他们的暴行激起了中国人民的义愤，从19世纪60年代到90年代，各地各阶层群众的反对外国教会侵略的斗争连绵不断，此起彼伏，从个别地方小规模的斗争一直发展到大片地区大规模的斗争，从和平请愿示威发展到武装起义。这种斗争的高潮就是1899—1901年的义和团爱国运动。

二、办报纸、出杂志，为文化侵略制造舆论

外国教会势力假借宣传宗教和"西学"的名义，为帝国主义侵略制造舆论。为此，他们首先在中国办报纸、杂志，翻译和出版各种书刊。教会在中国境内出版的最早的中文期刊为《东西洋考每月统纪传》(1833—1837)与《遐迩贯珍》(1853—1856)。最早的外文期刊是《中国丛报》(1832—1851)和《北华捷报》(1850—1864，后改名《字林西报》)。这些报刊反映了当时外国侵略者对中国的态度和要求，成为西方殖民势力的喉舌。基督教在中国设立的最大出版机构是广学会（1887年在上海成立，初名同文书会，1894年改称广学会），创办人为英国长老会传教士韦廉臣，其后的负责人为英国传教士李提摩太，总税务司、英国人赫德则担任董事会会长。广学会发行最广的刊物是《万国公报》

（1868 年创刊，原名《教会新报》，1874 年改为此名），由美国传教士林乐知主编。《万国公报》1883 年一度停刊，1889 年复刊，改为月刊，直到 1907 年停刊，发行最多时近四万份。李提摩太主持广学会的指导思想是"争取中国士大夫中有势力的集团，启开皇帝和政治家们的思想"。他曾主张由四个外国人和四个中国人组成新政部，总管中国新政，而中国的财政、铁路、军事、报纸等都应由外国人管理。林乐知在《万国公报》上竟宣扬英国统治印度有十二条益处，鼓励中国也应像印度那样变成英国的殖民地。广学会翻译出版的很多书刊，除了介绍西学外，也竭力为帝国主义的侵略辩护。如林乐知在其编译的《中东战纪本末》一书中，竟把帝国主义入侵中国说成是不可避免和抗御的。

三、兴办学校，进行精神控制

帝国主义之所以打着各种旗号，"热心"于中国的教育事业，"积极"在中国"办学"，是为了达到使中国人民永远沦为它们的精神俘虏，听任它们的剥削、宰割和奴役的反动政治目的。同时，更是为了"培养"一支为其侵略政策效劳的奴才队伍，作为统治和奴役中国人民的工具。为达此目的，帝国主义对在中国"办学"做了"精心"的策划和安排。基督教主办的教会学校设有统一的领导机构——中华基督教教育会，由它制定教育宗旨，确定各级学校的课程、设备和教员资格等标准，制定视察指导、测验制度。教会高等学校更直接受帝国主义于国内设立的"托事部"的领导

和控制。它们在教会学校里推行的是一整套殖民主义的教育制度。

宗教是麻醉人民思想的鸦片。那些披着宗教外衣的帝国主义分子，以"办学"为名，以宗教为工具，以学校为基地，大力传播宗教神学思想，妄图达到"征服整个中国，使之服从基督（即侵略者）"的反动目的。为此，它们强行灌输有神论，抵制和反对马克思列宁主义的传播，从思想上毒化中国人民。

外国传教士在中国开办了不少教会学校，其目的就是要对中国进行精神统治和培养代理人以便控制中国的发展。第一个被派来中国的美国传教士裨治文曾声称，"只要给我们机会和充足的经费来教育整个一代人，教育肯定比同一时期内任何陆海军力量，比最繁荣的商业刺激，要产生更为巨大的影响。"而美国伊利诺大学校长詹姆士给美国总统的一份备忘录中说得更加露骨："哪一个国家能成功地教育这一代中国青年，哪一个国家便将由于付出的努力，而在精神上、知识上和商业的影响上获得最大可能的报偿……通过对中国领袖们知识上、精神上的支配，就可在各方面精心的安排下，最得心应手地控制中国的发展了。"

在教会学校的讲台上，帝国主义分子利用一切机会宣扬"西方文明"，赞美资本主义制度，极力灌输崇洋媚外思想。其罪恶目的是妄图使中国青年忘却自己的祖国、语言、文字和历史，成为它们的驯服而可靠的工具。

帝国主义在教会学校里对中国青年思想的腐蚀也是不择手段的，在它们的图书馆里收藏着大量荒淫糜烂的黄色小说、诗篇、画报等。在这些书刊里有的公开侮辱和谩骂中国人民，发泄对中国革命的仇恨，有的鼓吹帝国主义的物质文明，否认中国优良的文化传统。至于宣扬资产阶级生活方式，更是俯拾即是。在帝国主义奴化思想的侵袭下，有些青年学生深受其腐朽生活方式的影响，整日花天酒地地胡混；有的学成之后，移居他乡，寄人篱下；也有的成为帝国主义的奴仆、充当帝国主义侵略的辩护士。

帝国主义教会学校经常打着"不过问政治"、"研究学术"的幌子，引导青年学生脱离政治，漠视祖国的前途和民族的命运。帝国主义在殖民地半殖民地的教育，就是不要关心国家的命运和民族的前途，而把它寄托在帝国主义的协议上；不要革命精神，而要养成逆来顺受的奴才性格，乖乖地做帝国主义的奴隶。教会学校标榜的"超政治"、"纯学术"，就是要消灭中国青年的爱国反帝思想和争取自由解放的革命精神。

帝国主义在中国办的教会学校，也是它们搜集情报进行间谍活动的黑据点。上海圣约翰大学的美帝国主义分子利用工作汇报、出版书籍等形式向其国内提供了有关中国政治、军事、工业、农业、商业、气象等各方面的情报。

外国教会势力最早在中国办的洋学堂，主要是在香港和五个通商口岸办的一些小学。到 1875 年左右，教会学校已发展到 800 所，学生达两万人，主要还是中小学。到 19 世纪末，教会学校总数发展到了 2000 所左右，学生已达四万名以上，并开始出现了大学。19 世纪后半期，外国传教士在中国开设的教会学校，没

有一个是经过中国政府批准的。他们在学校里虽然也传授一些西方科学知识，但更主要是灌输宗教和奴化思想。而在教会大学中，美国势力占了优势。当时比较著名的教会大学有上海圣约翰大学，苏州东吴大学，武昌华中大学，南京金陵大学，广州岭南大学，北京燕京大学等。而这时中国只有三所国立大学即北京大学、山西大学、北洋大学，及五所私立大学。这些教会大学大多在外国注册立案，享有治外法权，进行殖民地化教育，把宗教灌输放在第一位。他们企图使学生崇洋奴化，但结果却往往走向他们的对立面。有不少教会学校学生参加了爱国运动和革命斗争。

四、兴办医院和慈善事业

最初，教会是利用医疗和慈善事业作为传教的一种手段，宣称要把医疗事业"作为福音的婢女"，而"慈善事业应以能被利用引人入教的影响和可能为前提"。1834 年美国传教士伯驾，就是以医生的身份来中国的。他首先在广州开办眼科医局，利用替人治病的机会来进行传教和收集中国情报的活动。医院每星期举行礼拜，要病人下跪祈祷，感谢外国医生为他们免费治疗，并要他们入教。

20 世纪前，外国教会在中国开设的较大规模的医院有近百所，著名的如广州博济医院、上海仁济医院、南京鼓楼医院等。20 世纪初设立的还有上海广慈医院、北京协和医院等。帝国主义企图利用医疗手段略施小恩小惠，以赢得中国人民对他们的好感，解除反抗情绪。有的外国医生甚至还利用病人做试验和推销假药。不过，也应该指出，传教士医生在客观上曾把西医、西药的科学技术知识引进了中国，也曾为中国训练出一批医生和护士，而且其中不少外国医护人员也是抱着人道主义精神来中国行医的。

在办医院的同时，教会还兴办了一批慈善事业，如育婴堂、孤儿院、盲童学校、聋哑学校等，其目的也是为了博取中国人民的好感，发展教会势力，以推行帝国主义的文化侵略政策。如教会开设育婴堂、孤儿院，是为了对孩子从小给予宗教的灌输。由于保育卫生措施不够，婴儿与孤儿的死亡率很高，孤儿们还常常受到种种精神和肉体上的折磨。教会在对灾区进行救济时，也常常乘机进行收集情报、套购田产、强迫灾民信教等活动。连洋务派官僚曾国荃都看出帝国主义教会的这些文化侵略活动是在"盗窃中国人的心"。

第二章

晚清官场面面观

第一节 博弈：地方与中央

鸦片战争以后的半个世纪，清王朝日益破败衰落，专制主义中央集权从顶峰上跌落下来。晚清时期政权结构不断演变，中央权威不断丧失，地方权力不断加大，中央对地方割据势力渐渐失去控制。

清朝的政治体制基本上沿袭明朝，主要有中央和地方两大块，与明相比，总的趋势是中央皇权进一步高度集中，在地方上逐渐形成督抚体制。清王朝将明朝的督抚制发展成为固定的地方建制。先集权于督抚，再通过对督抚进行严密的控制与监督以实现中央对地方的掌控。这样在全国范围内形成了一种两级政府的控制框架。

清朝的地方行政体制，主要有省、府、县三级，总督和巡抚为地方最高行政长官。总督为一省或数省的军民首脑，官衔为正二品，加尚书衔者为从一品。巡抚则为一省最高行政首脑，官衔为从二品。清代全国设总督八人，计：直隶总督（管辖今河北省及内蒙古一部分地方）；两江总督（管辖江苏、安徽、江西三省）；闽浙总督（管辖福建、台湾、浙江三省）；湖广总督（管辖湖南、湖北）；陕甘总督（管辖陕西、甘肃、新疆三省）；四川总督（四川省）；两广总督（管辖广东、广西二省及海南诸岛）；云贵总督（管辖云南、贵州二省）；而巡抚则数量相对较多，除直隶、湖北、福建、四川、广东、云南等省，巡抚由总督兼任外，另设巡抚的有：山东、山西、河南、江苏、安徽、江西、福建、台湾、浙江、湖南、陕西、甘肃（乾隆十九年以后不另设）、新疆、广西、贵州。鸦片战争后，督抚权力仍略有增长，如直隶总督和两江总督兼北洋大臣和南洋大臣，享有外交、管理和控制通商之权。所以说，总督是名副其实的"封疆大吏"。

　　清朝督抚制度的确立，形成了中央集权体制的政权形式，即"大小相制"、"内外相维"，既有纵向节制制约，又有横向制衡协调的分层交叉权力关系，皇帝处于这个架构的中心和顶端，而督抚则处于这个架构的中间层次。"大小相制"，即统辖和分权，通过统辖关系以大制小，通过分权关系以小制大。督抚督领州县，统率本省文武军民，这是以大制小；与此同时，朝廷又在省一级设置藩、臬、将军等职，分别对户、刑、兵部负责，达到分权督抚的目的，这是以小制大。"内外相维"，即"外则统之以督抚，内则综之以六部"。在权力分配上实行综理与分寄的结合：中央以六部综理最高行政之权，此为"部臣守经"；外则将治理地方之权分寄于督抚，此为"将吏达权"。这样，既将督抚置于"统率文武军民为一方保障"的重要地位,又使督抚的权力受到中央的控驭。

1840 年,当英国侵略者用大炮打开中国长期封闭的大门时,清王朝已迈入全面衰落阶段,对于 19 世纪后期的清朝统治者来说,他们所面临的不仅仅有历代封建王朝不可避免的老问题,还有西方入侵者带来的一个最为敏感的问题,即:变局中的中央与地方关系。鸦片战争后,清政府中央权威严重下降,逐步丧失了对地方统驭的实际能力;地方势力则迅速膨胀,最终北洋集团利用辛亥革命的机会取中央政权而代之。

鸦片战争以后的半个世纪,清王朝日益破败衰落,专制主义中央集权从顶峰上跌落下来。究其原因,首先是列强的多次洗劫和掠夺。对清廷来说,一项项丧权辱国的条约,记录了其失败、屈服、妥协的过程。八国联军入侵之役,清政府以极其屈辱的条件和代价,结束了战争,保存了自己,但它已经到了十分虚脱困乏、支离瓦解的地步,专制皇权匍匐在列强的淫威之下。其次是下层民众反抗斗争连续不断的冲击。太平天国、捻军、西南和西北各族人民的起义,资产阶级各派别的革命活动,纷纷成立的革命团体,雨后春笋般出现的革命书刊,迅速传播的革命思想等,使"奉天承运"、至高无上的专制皇权威风扫地。再次是中央政权内部的争斗与腐败。晚清中央政权内部最高统治者的权力之争、吏治的腐败、经济的破产、军队的衰朽,使清室挽救统治危机的种种努力,或被抵销,或成虚文,或适得其反。在镇压太平天国及各地各族人民的起义中，权力过分集中的体制，羸败腐朽的八旗、绿营，命将出师、筹集饷粮的传统办法已经失灵。战争的一再失利，迫使清政府不断调整修补其政治体制和政策，结果造成中央集权的破坏和地方势力的膨胀。

19 世纪 50、60 年代，为了镇压太平天国运动，清政府下令各地在籍大臣督办团防。曾国藩采用新的方法，在湖南将分散的地方团练合并，形成了独立的正规武装——湘军。在镇压太平天国的军事进程中，湘军很快就取代了绿营而成为战斗的主力，并且在战争的过程中迅速发展成为一个军事政治集团。他们在军事方面，用"兵为将有"代替了"兵归国有"，用募兵制度代替了世兵制度；在政治方面，用督抚专权来对抗中央集权。在湘军集团内部，曾国藩利用同乡、门生、故吏等地缘、血缘、师生缘的封建关系来形成军队的主干，并由这些主干自行在家招募士兵，这样便形成了从士兵到将领直至以曾国藩为中心的层层隶属网络。军队所信仰、效忠的，便不仅是封建国家，更直接的是曾国藩个人。湘军的这个特点，奠定了它在近代中国私人半私人军队先驱的地位。湘军兴起以后，以曾国藩为首的汉族地主开始掌握地方实权，从此打破了满族贵族一统天下、中央政府高度集权的局面。同治以后，湘军将领中就有 13 人做了总督，13 人做了巡抚，如江忠源、李续宾、严树森、刘长佑、刘坤一等都官至督抚，而李鸿章、左宗棠更是权倾朝野。"内轻外重"的局面遂告形成。

淮军是继湘军以后出现的又一支地方武装。淮军集团实际上是从湘军集团中分离出来的。它的领袖李鸿章本来就是曾国藩的头号幕僚。1860 年 5 月，太平天国攻破江南大营，长江下游尽为太平军所有。为了收回苏、常，防止上海陷入太平军之手，咸丰皇帝命令曾国藩率领湘军开赴长江下游。但是，曾国藩不愿离开自己苦心经营的长江中上游地盘。为了执行朝廷的命令，他于 1862 年初命其亲信李鸿章回家乡合肥招募淮勇五营。同时，曾国藩又拨湘勇数营给李鸿章，并派湘军名将程学启、郭松林帮助李鸿章按湘军营制训练淮勇。在朝廷方面，曾国藩又竭力举荐李鸿章署理江苏巡抚，担任江苏战场上镇压太平军的主帅。自此，李鸿章的淮军迅速发展，在镇压太平军、捻军过程中发展成一个势力强大的淮军集团。1871 年，李鸿章就任直隶总督兼北洋大臣，权倾一时，举办洋务，发展实力，"独主国事数十年，内政外交，常以一身当其冲，国家倚为重轻"。在军事、经济、外交等方面渗透经营 20 余年，门生故吏遍及各地，造成了一个舍他之外，清政府无其他兵力可倚、无其他能员可以担任外交的局面。就是这样一个清政府赖为依靠的地方实力派集团，在 1895 年中日战争中一败涂地，从此一蹶不振。但是，私军化和地方督抚专权这两个霉菌既已生成，在适宜的社会环境中，在国内腐败的政治和外国侵略势力结合的条件下，却是遏制不住地反复更生，迅速膨胀，并将最终打破原有的政治结构而居于清末民初中国政治权力的中心。继淮系而起的北洋集团，正是承传了湘、淮集团这样的基因，并最终形成了后来军阀政治的最大资源。

　　清末崛起的北洋集团与淮系集团有着千丝万缕的联系。其领袖袁世凯原本就是李鸿章早年派往朝鲜的一名淮军官僚。正是在李鸿章的支持与庇护下，袁世凯才迅速发达，博得了知兵、谙练外交的名声，才得以参与小站练兵。李鸿章给袁世凯留下了丰厚的遗产：淮军余部，有经验的官吏，大批的路、矿、电、轮企业以及打下的与列强交往并获得列强认可的局面。所有这些，都成为以袁世凯为首的北洋集团急剧发达的条件。袁世凯乘此时机，短短数年，以军事力量为后盾，由直隶按察使到山东巡抚，由山东巡抚到升任直隶总督兼北洋大臣，不久又另兼八大臣之职，最后直升任至军机大臣兼外务部尚书的位置，很快成为权倾朝野、傲视天下的人物。他不失时机地拉拢其他王公大臣，到处安插亲信，网罗各方面的"人才"，练兵筹饷，最后形成了以袁世凯为首、以北洋军为支柱的北洋封建军事官僚集团。

　　地方势力在挽救和加强清室的同时，又削弱了这个政权，两种作用如影随形，无法避免。慈禧垂帘听政、控制清廷最高权力已达半个世纪，其统治即靠阴谋权术周旋于各个势力集团和各个政治派别之间。对地方实力派，慈禧又依赖又裁抑，依赖中进行控制，裁抑时又予以支持，在各派争斗中求得平衡。首先，清政府曾利用湘军集团镇压了太平天国运动；利用淮军集团镇压了捻军起义；又利用北洋集团镇压了义和团运动和景廷宾起义，使其几次渡过严重的统治危机。其次，又利用各集团排挤、争宠、夺权的矛盾，使各集团互相牵制、平衡，以便达到对它们的操纵和控制。清政府用淮系集团牵制湘系集团，又使湘系内部各派系互相制约。当淮系势力过分扩张时，又扶植张之洞与李鸿章相抗衡，同时以清流派束缚地方实力派。清末 10 年，虽然满族亲贵对袁世凯猜忌日深，但终因慈禧在世，对袁世凯宠信不衰。事实上，袁世凯与统治集团各派之间的矛盾是存在的，也曾演出了激烈的倾轧局面，但都没有超出统治集团内部斗争的范围。在维护清朝统治上，阶级利益高于内部分歧。慈禧死后，少壮亲贵罢黜袁世凯，付出的代价太昂贵了。

随着地方势力的崛起，清政府一直面临着地方主义的困扰。这主要表现在中央政府的财政、军事、人事、外交等大权不断下移地方。

首先，财权的下移。自 18 世纪末以后，财政危机一直是困扰中国政府的一个严重问题。在这一段时间里，政府的开支不断加大，而财政收入却没有太大的变化，1725 年约为 3610 万两，1841 年则为 3860 万两。随着人口增长，地方行政管理机构不断扩大，但由于中央政府不能为其提供足够的经费，只得赋予他们可以征收附加税的权力。这就为地方官员提供了向下层民众摊派苛捐杂税以中饱私囊的机会。这种政策造成两个极为有害的副产物：一个是官员贪污腐败现象的日益普遍和严重；另一个是地方财政实力的不断增强。这两个方面都极大地侵蚀了清王朝，对中央政权产生了极为有害的影响。由于大量财富滞留在地方政府中，财政日益衰竭的中央政府越来越失去主动采取进取性社会政策的

物质基础。特别是在经济和军事方面就更是如此。在正常的情况下，这种局面也许还可以维持下去。但在19世纪中期，情况骤然发生了变化。西方列强的直接武装入侵和国内的太平天国运动，使缺乏财政基础的中央政权的虚弱暴露无遗。在"内忧外患"的双重挑战之下，中央政府已无能为力，只得向地方政权求助，而中央政府也不得不为此付出相当沉重的代价。在太平天国运动爆发之前，清政府的财权军权和行政是统一的整体。各省的财政本来由布政使掌管，而布政使直属户部，故各省每年财政收入，皆须上报户部，听候调拨。而太平天国革命以来，用兵日久，情况发生了很大变化，不仅逐渐成为主要经济收入的厘金完全由督抚支配，而且原本应交户部的地丁、漕折、关税、盐课等项银两，也被督抚截留，大半充作军饷。有了充足的财源，督抚可以招募武装力量——勇营，当勇营成为清王朝的主要军事支柱时，国家的兵权也就落到了地方督抚手中。因为手中握有粮饷，直接带兵的提督大员也变成了督抚的属员。民以食为天，兵以饷为天，谁供饷就听命于谁。以前军队国家供饷，则军队为国家所有，提镇大员听命于中央，现在军队由地方供饷，属于地方，只有听命于地方督抚，也就直接和行政用人之权联系起来，形成中央权力的下移。到后来，各省的官员不仅增加税收数额，还铸造货币，最后干脆扣留了中央政府的正常税收。1908年宣统皇帝上台以后，国内的财政权力已不控制在中央政府的手中了。应当说，财政权力的变化，反映了晚清中央与地方关系相互消长的变化历程：地方财权越大，中央的权力就越弱；相反地，中央政府的财力越弱，地方的力量就越强大。

其次，兵权的旁落。兵权是清王朝赖以生存的命根子。清初、中期，由于中央集权强大，八旗、绿营尚能用命，故大权自然操控在中央。但咸、同以后，八旗、绿营腐不能用，镇压太平天国就不能不靠地方自建的军事力量。从此，中央军权旁落地方。太平天国战争以后，八旗、绿营基本上被摧毁，以湘军、淮军为代表的勇营乘势崛起，取代了八旗与绿营而成为清王朝赖为统治的基本军事力量。由于勇营一开始即为地方督抚所私有，清王朝赖以维持统治的支柱也就下移到了地方督抚的手中。督抚军事人事权不断扩大。依照清制，绿营兵由各省提督统带，而提督又辖于总督，总督作为地方最高行政长官，并且侧重于军政，是应掌有兵权的。但实际上，总督多为文官，尤其汉员总督，一向为武官所轻，除自己的督标营外，并不能超越提督干预营务。提督只听命于满族王室，并不听命于总督，而巡抚则更侧重于民政，除自己的抚标营外，更不能干预营务，只有那些不设提督，由巡抚兼任提督的省份例外。所以无论总督还是巡抚，实际上都没有掌握兵权。追至咸、同年间，由于兵不可用，各省纷纷募练勇营同太平军作战，加之清政府无力供饷，于是，这些勇营就成为地方督抚自募、自练、自养的武装力量。这一时期督抚军权的扩大主要表现在两个方面：一是勇营成为清王朝的军事支柱；二是督抚节制绿营之权加重。清王朝的武装力量一般有三种类型或三个等级：

一是国家常备军，即清政府所谓经制之兵或额兵，包括八旗骁骑营，通常所说的八旗兵与绿营兵；二是勇营，有事招募，事毕遣散，集则为勇，散则为民，纯属雇佣性的半常备武装，带有半兵半民的性质；三是团练武装，或称团丁，是一种不脱离本土、不脱离生产的民兵。清政府利用勇营参战由来已久，到太平天国时，各地的勇营也参与对太平军的作战，不过，这些勇营尚不能独自成军、独自作战、独自筹饷，始终未能完全脱离依附于营兵的附庸地位。随着湘、淮军的兴起，尤其是一些统兵大员被委以督抚之任，清朝的军事体制也随之发生了变化。

再次，人事权力的下移。清代定制，三品以上文武大员的任命，先由军机处在记名人员中初选数名，差额呈进，最后由皇帝朱笔圈定简放。三品以下官员缺额则一分为二，文官分别由皇帝、吏部、督抚任命，武官分别由皇帝、兵部、总督、提督任命，各有定额，不得侵混，所以地方督抚的用人权是有限的。而自用兵以来，大批地方官因兵败或黜或罢或死，对人才的需求日益突出。朝廷被迫改变定制，屡屡降旨，要督抚不拘资格，保荐人才。咸丰十年（1860 年）以前，曾国藩奏保的僚属很少获准。但是之后，清朝皇帝屡屡降旨要求曾国藩保荐人才。咸丰十一年（1861 年）十一月，上谕命督抚"不拘资格"，保奏武职人员。十二月，曾国藩任两江总督统辖四省军务之后，清廷即降旨命他保举安徽巡抚。同治元年（1862 年）十二月，清廷又命曾国藩保举封疆人才。上述保举权限的下放，不仅使督抚保举范围扩大，而且突破了保举资格条件的限制，于是督抚纷纷借军功之名目保举人员，督抚势力也因此迅速膨胀。

最后，外交大权的下移。鸦片战争以前，清政府没有近代意义上的外交，当然也没有专门办理外交事务的机构和专职官员。有事时，对外交涉多由中央理藩院、鸿胪寺等负责办理，外国使臣也由礼部和理藩院安排接待，地方督抚除两广总督稍有例外，都无对外交涉的权力。从鸦片战争时起，先是英国，继之有美、法、俄诸国，接连以军事、外交等手段向中国逼进，清政府不得不与之办理交涉；每遇交涉事件，清朝皇帝总是随时随事从沿海沿边地方督抚及将军中择人办理。这完全是对外事的一种权宜应付，丝毫不关乎体制。这种状况一直持续到第二次鸦片战争结束。

这期间，在体制上有一点新变化，就是 1844 年设置五口通商大臣。五口分布在广东、福建、浙江、江苏四省，第一任五口通商大臣由清政府指定两广总督兼任；1859 年起，改为由江苏巡抚或两江总督兼任。这样，五口通商大臣从设置之时起，就形成由相关的地方督抚兼职的先例。设置管理对外贸易的官员，这本是一个国家的正常措施。但是，在西方列强炮舰逼迫下所设立的五口通商大臣，却是清政府应承侵略者的要求，配合殖民主义者进行不平等贸易而设置的洋务专员。清政府从此开始把对外交涉的权力向地方下放。

第二次鸦片战争后，英、法等国取得了公使驻京的权力。清朝中央政府将不得不与外国公使直接发生关系。为适应这一局面，

1861 年初在京师设立了总理各国事务衙门。另外，沿海沿江开放口岸大大增加，长江以南由原来的五口增为十三口，长江以北新开三口，为适应这一情况，清政府在上海、天津分别设立"办理江浙闽粤内江各口通商事务大臣"和"办理牛庄、天津、登州三口通商事务大臣"。前者实际上由原来的五口通商大臣接任，后来演变为南洋通商大臣或南洋大臣；后者为新设，后来演变为北洋通商大臣或北洋大臣。总理衙门与南、北洋通商大臣的设置，成为中国近代新外交体制的滥觞。

南、北洋通商大臣职务的性质是相同的，但最初的职位却不一样。南洋通商大臣从设立之日起就由江苏巡抚或两江总督兼任。而三口通商大臣从设置之时起就是专职。一个兼职，一个专职，两者职位明显不同。苏抚或江督因兼任南洋通商大臣而在清政府的外交体制中占有了一席之地，直督无此兼职，便与外交体制无缘。直至 1870 年 11 月 12 日清廷发布上谕，撤销三口通商大臣专职，改由直隶总督兼任。这是清政府外交体制的一个小变化，但却是直隶总督这个地方官职权力的一项大扩充。直隶总督兼任三口通商大臣从此成为定制。恰巧此时李鸿章接任直隶总督之职，这道上谕第一个在他身上落实，他就成为直隶总督兼北洋大臣的第一人。

南北洋大臣设立后，兼任这两个职位的两江总督和直隶总督的地位远远高于其他督抚。直隶拱卫京师，两江坐镇东南，直隶总督和两江总督分兼南北洋大臣，分担了大部分外交事务，可以代表中央政府与外国谈判、立约，办理有关通商、划界、教案等事宜。这两个大臣由于有西方列强作后盾，又操纵地方军事行政大权，使清朝统治者不得不从对其限制转为依靠，遂使本应中央政府掌握的外交权力落入地方疆吏之手，从而给督抚造成直接接近列强的机会。尤其是北洋大臣，除了有与南洋相同的职掌外，还兼顾北方洋务、北方海防、招商事务等，其职权远远超出了交涉、通商事务的范围，也超出了直隶或三口的范围之外，加上招商、各路电线等及发放外国人护照均属全国性的事务，实权已在南洋大臣之上。他们一方面向列强频送秋波，开怀接交；另一方面又左右朝政，把持对内对外政策的制定及实行，逐渐成为清朝政府的主要支柱，成为西方殖民主义者在中国政府内部的代理人，这对以后的时局产生了重要的影响。

清政府虽然利用地方督抚，如曾国藩、胡林翼、左宗棠、李鸿章等人和他们手中的湘、淮军将太平天国运动镇压了下去，使清朝摇而不坠，危而复安，保住了满清王室至高无上的地位，但在这一遍及全国、长达十四年之久的战争过程中，很大一部分原属中央政府的权力都渐入地方督抚之手，尤其是最大的地方实力派曾国藩集团手中，形成清朝政权内轻外重的局面。

因此，晚清以来，由于中央权力的下移和地方督抚权力的扩张，从某种程度上讲，既促进了清末同光中兴局面的形成，也导致了清政府中央政权的衰弱，中央权威资源的缺乏和地方主义的膨胀，为清政府的灭亡埋下了隐患。国家权力不断地向地方倾斜，督抚专权问题终成尾大不掉之势，内轻外重的局面开始形成，这

种状况最终决定了清王朝覆亡的命运。后来晚清政治的进一步腐败，从 1901 年开始的新政运动改革的挫折，以及此种改革综合症引发的各种社会问题，严重削弱了中央的政治权威，四川保路运动的发生，各种矛盾激化，终于出现 1911 年武昌起义，并直接推翻了清王朝的统治。

第二节　贪污受贿成风

据《清代一二品官员经济犯罪案件实录》：在清代 268 年中，一、二品官员经济犯罪案件共有 108 件，案中被判刑的一、二品官员共 157 人，其中死刑立决的 68 人，斩监候、绞监候即死缓的 47 人。贪污对权力的正常运行带来了灾难性的后果，它不仅造成了国家财政的亏空、国家和社会事务管理上的缺陷，更重要的是加重了对百姓的盘剥，进而激起民众的反抗，动摇了整个国家的统治秩序。和历朝历代一样，清朝的统治者对官员内部的腐败问题也十分重视，经常对官员进行考核和监督，对贪污腐败严重的官员加以处分，如表一所示：

表一：清代历朝大计官员处分人数统计表

年号	顺治	康熙	雍正	乾隆	嘉庆	道光	咸丰	同治	光绪	宣统	合计
人数	3031	5983	813	3803	1287	1548	395	394	324	9	17587

从表一中不难看出，清朝历代统治者对官员的考核是十分重视的，清前期对官员处分较为严格，惩处人数较多，在康乾盛世时期，尤为突出。按常理推断，太平盛世之下，皇权集中，百姓安居乐业，贪污腐败的官员应该不多，政治应该愈加清明，官员应该愈加廉明，大计受处分官员的人数应该越少。但是此表所透露的信息，反而是所处朝代越兴盛，惩处的官员越多。这反映出盛世时期，统治者对官员腐败的惩治力度很大。及至咸丰时期，大计官员的人数骤减，说明这一时期开始，惩治腐败的力度放宽。

纵观历史上各时代王朝的衰落，往往始于王朝内部吏治的腐败。作为最后一个封建王朝，早在初期，清朝统治者便吸取明朝灭亡的教训，从开国（入关）皇帝顺治帝开始，历代统治者无一不勤于政事，试图通过整顿吏治、改革等一系列的措施来加强统治，实现王朝的长治久安。康熙、雍正在位期间，都曾下大力气整顿吏治；乾隆皇帝虽然在统治前期也注重吏治，但其统治后期宠信权臣和珅二十余年，以致统治集团内部贪污腐败成风。可以说，清朝的由盛转衰始于乾隆晚期，但由于盛世的余威犹在，许多问题被繁华的表象所遮掩，至嘉庆时期，清朝衰败的迹象才逐渐露出端倪。褪去了昔日繁盛外衣的大清王朝，官场内部长期存在的问题也逐渐暴露出来，主要体现在吏治腐败。嘉庆皇帝在位期间，一直致力于整治贪官污吏，和珅被扳倒后，清算财产，"共查实其罪状二十条，其查抄的家产共列 109 号，其中当时已估价的 29 号值银 22000 多万两，约略相当于当时满清王朝五年的国库收入"。当时官员的腐败程度由此可见一斑。

贪风炽盛、贿赂公行在当时具有普遍性、严重性。嘉庆初，洪亮吉曾上疏揭露当时官员的"贪欺害政比比皆是"，反映了它的普遍性。严重性表现在贪污的手段合法化，贿赂名目繁多，而且成为公然实行的惯例。突出体现在官吏贪污、贿赂的"陋规"盛行于世。所谓陋规，是指官吏以补充公用开支等名目而取得的额外收入。如官吏之间、官吏与商绅之间所馈送者，又俗称"规礼"。规礼的收送名目繁多，而且什么时候送、送给谁、采取怎样的方式送，已经形成流行的定规，各有专门的名词。如别敬、炭敬、冰敬，是地方官送给京官的规礼。京官无法直接搜刮民财，则间接地从地方官身上捞取。地方官授职得官后离京，或到中央述职后离京，要给有关官员及录取他的座师、房师及同年同乡们送礼，这种规礼叫别敬。炭敬、冰敬是冬、夏两季借寒、暑为名孝敬京官的规礼。印结费，是京官为同乡的捐纳人员出具保结而收取的费用，它是京官的"大宗收入"。门生礼，官场盛行拜师风习，凡科考时的主考、监考与考生，或上司保举下属，都可认为师生，拜师或年节时"厚其馈送"。节寿礼，是岁时节日或某官之家的红白事、寿日，下级或有关官员所送之礼，这种礼又有多种名目，如三节两寿礼、表礼、水礼，以及外带送给家人的门包银等。程仪，是馈送过境官员的规礼。浙江省，"凡上司委员到县，各县须送程仪"，一般在几百两银子。卯规，州县官上任点卯，本衙门六房书吏送与长官的见面礼。富户礼节，山西商人富有，向本地长官奉送，不仅官员需要送礼，幕师、胥吏也须打点。百姓向官府递交词呈，衙役得到银钱才会接收转交。安徽阜阳县的门房，每收一呈文要制钱4500文，称为"签子钱"，有的还加倍索取，叫作"双签子"。部费，是中央六部等衙门借与其他衙署的行政关系而索取的"费用"钱。官员晋升，要向吏部书吏打点，否则拖延或不给发文。各省每年向刑部呈报案件，需送辛苦费，如四川按察使司，照例每年送600两银子，刑部书吏到时便把秋审奏折底稿送到四川，按察使以便做准备，应付部驳和皇帝的查问。其他方面，还有如修船陋规，文官负责修理水师战船，武官验收时，文官不厚送规礼，则横加挑剔；盘库礼，督抚定期盘察辖区库藏实数，掌财及管库官员，送上规礼，即使亏空，长官也可为其设法隐瞒、挪项应付；至于境内税关，各巨商所送的规礼等，更是多得惊人，举不胜举。官场之中，官民之间，规礼如此繁多，而且习以为常形成定规，说明维护封建纲纪的法纪已被严重败坏，吏治腐败已到了积重难返的地步。

政务废弛，玩忽职守，是当时官场的普遍现象。嘉庆曾为了改变因循玩愒的状况，他甚至是在哭求诸臣。政务的拖沓，以地方上的刑名案件最为严重。嘉庆十二年（1807年），直隶、江西、福建等省督抚奉命查出的未结案件，多者两千余件，少者不下数百件。嘉庆二十三（1818年）年，山东省清查出的数字更惊人，巡抚衙门积案达1374起，按察司衙门积案竟有6080起。嘉庆二十二（1817年）年，广东省邱姓家族因索取屋价被萧姓拒杀一案，邱姓控告历时 17 载，其中控本府 89 次，本道 33 次，布政司 9 次，按察司 19 次，巡抚 16 次，总督 11 次，各级官府上下推诿，敷衍了事，竟然没有一个官员亲自提讯，一直拖延到道光十四年（1834 年）五月。同省另一案件，伍姓与陈姓因争水田，杀害陈姓九条人命，陈氏历控督、巡抚、按察使，各官员也是"俱未亲提"，以致这一骇人听闻的重大惨案悬宕 11 年之久。百姓的冤案不得审理，纷纷进京控告，都察院、刑部官员又以不敢擅自做主为由，一股脑竟推给皇帝。"外省积习废弛，因循玩愒"，中央官员同样如此。更令人愤慨的是，嘉庆二十四年（1819 年）八月，兵部竟然将大印遗失，直到半年以后才被发觉，可见这半年中，兵部官员根本就未办理用印政务。就连皇宫中的侍卫处也经常废弛，还有侍卫经常旷班，以致林清起义竟直接攻进紫禁城，这在历史上是极为罕见的。

晚清官场贪污受贿成风的主要根源在于当时官本位社会的政府制度。晚清时期，咸丰帝亲政后也曾想励精图治，先解决因军费、对外赔款等支出急剧膨胀引起的财政危机问题，但他首先是频繁减扣官员俸禄。虽然官俸减扣数额并不庞大，但对于收入本已微薄的官员来说，无疑是雪上加霜。办公经费不可或缺，家庭生计亦须兼顾，官员费无所出，只得想方设法搜罗财源，贪污受贿，吏治败坏由之而生。谁都明白这个道理，官员握有可以敛财的一定权力，但微薄的薪俸难以维持生计，全社会又贪污成风，单靠道德的说教能保证官员的廉洁吗？清代前、中期政治清明，

尚有一些清廉之吏。到了晚清时期，礼崩乐坏，世风日下，廉吏也已是凤毛麟角了。

官员贪污成风是导致晚清改革失败和清帝国灭亡的重要原因之一，有关的史料很多。这个时期的贪污既是历来末代专制政权的痼疾，又是改革不完善带来的新问题。这是一个值得认真分析的历史现象。普遍性是晚清贪污活动的首要特点，古今中外都有贪污，但像晚清那样几乎无官不贪却是极为罕见的。

第三节　官场裙带

晚清官网笼络的纽带之一是师生关系。所谓师生关系并不是授业形成的，作为乡试的主考、副主考、学政，会试的总裁、同考官，殿试的读卷官，都将其录取者视为门生。作为京官的翰林们身处清要，俸禄微薄，生活清贫，若能得一任主考、学政，就吃用不愁了。师生关系经科举考试变成进入官场的入场券后，便成了一种私人关系，它成了官场网络的经纬线之一。

另一官网纽带是幕僚关系。以最有影响的曾国藩系为例，曾国藩幕府盛况，当时人们赞颂不已。曾氏幕府，集天下俊彦之士达 83 人。80 余人中，后来官至总督、巡抚、尚书、侍郎者有李鸿章、李瀚章、郭嵩焘、左宗棠等十余人。

乡情也是官网纽带。乡土观念，在社会中，在官场上，成为一种看不见的联系纽带。清代官场本有"本土回避"的制度，即本地出身的官员不得在家乡做官，必须异地安置，目的就是避免官员利用乡情营私舞弊。晚清时期这个制度已经形同虚设。以曾国藩为首领的湘系，就是靠着浓厚的乡土观念结成。湘军将帅随着军事发展，遍布天下，后来成为督抚提镇，由军而政，形成庞大的湘系军事政治集团。乡土观念中添加了官场基因，凝聚了清末一个个地方实力派系。李鸿章所建淮军，所成淮系，主要的士兵来源、将领幕府也都以皖籍为主。当王朝把国脉朝命无可奈何地靠在地方实力派上时，爱新觉罗家天下的命运就不能维持多久了。在封建社会中，同乡关系是除亲属、裙带关系以外最亲近的关系。同乡之间有一种"亲不亲，故乡人"的友情，即所谓"乡谊"。乡谊渗透到清朝官场之中，是官场中人互相拉拢、互为党援的重要纽带。很多官吏是靠乡谊获得官职的。例如安徽婺源人吴懋鼎在天津任汇丰银行买办时，因清政府向汇丰银行借款而与李鸿章（安徽合肥人）攀上了同乡关系，往来频繁。在李鸿章的关照下，他捐得直隶候补道衔，并充任淮军钱粮所总办。做官需要乡谊，做幕友、书吏也离不开乡谊。清以来最著名的地域性行帮要属绍兴籍的幕友和书吏，绍兴籍的幕友即著名的绍兴师爷，数量极多，清代官场有谚云"无绍不成衙"，他们形成了一个庞大的地域性"师爷帮"，彼此互通声气，互为党援，并排挤其他乡籍的师爷。清代北京和各地还以乡谊为纽带建立了许多同乡会馆。北京福建会馆悬挂着一副对联："万里海天臣子，一堂桑梓兄弟。"可见，乡谊成为官场拉拢关系的情感纽带。

官场形成的利益集团也形成了官网纽带，例如北洋系。李鸿章任直隶总督兼北洋大臣二十多年，培植起北洋势力。其后袁世凯任了六七年的北洋大臣高高擎起了北洋的旗帜。袁世凯的军队，兵源多来自直隶、山东、河南、安徽数省，幕府人物也不局限于一省，颇像开放型制。但北洋观念，却连结成这个庞大集团，一直延续到民国北洋政府的覆灭。

在官僚等级内部联姻也形成了官网纽带。袁世凯不学有术，连个秀才也没考中，其手段却远超过一般科举正途出身的书生们。袁氏30多个子女的婚姻，使他与张百熙、周馥、张人骏、吴大澂、端方、孙宝琦等人都有姻娅之谊。清末官场，婚姻是一种政治行为。"门当户对"，巩固了一个个官员的地位，也成了盘根错节派系集团的感情纽带。

还有一种方式是拜干亲。亲缘关系在政治上大有作为，官场中人为使彼此之间的关系更加亲近，通常运用拜干亲的方式。干亲，即是由非血缘关系者，通过某种契约或仪式确立名义上的父母与子女的关系。拜干亲是清朝官场中拉拢关系、攀附权贵的重要方法之一，这种关系比拜同乡、拜把子、拜门所建立的关系更为密切和牢固。拜干亲主要分两种情况：一是钻营者拜自己所攀附的权贵为干爹，自为干儿；如盛宣怀拜李鸿章为干爹，陈璧拜奕劻为干爹。二是让妻妾女儿拜所攀附的权贵为干爹，或拜权贵之妻、母为干娘。如疏朗是民政部尚书善曹的下属（任侍郎），

为巴结善曹，他让自己的老婆拜善曹的母亲为干娘。拜干亲是通过建立亲属关系来谋求利益的一种方式，在这种关系下利益双方更趋一致。

第四节　胥吏蠹政

在封建王朝各级机关中，大量的日常琐细事务，是靠数十倍数百倍于官的吏也即胥吏来办理的，没有他们，官府的政务也无法完成。这些人有额设编制，政府对他们有一套管理规制。胥吏既已纳入国家行政系统中，成为必不可少的公务人员，清政府却又把他们当作贱役看待，俸给极低，与同在官场的官相差悬殊，甚至不能养家糊口，也就难免他们利用行政之便去谋求私利。政治观念上也是"贵官贱吏"，吏员考职入仕，被压制在低阶范围内，进取无望。既充为吏者，便自暴自弃，唯利是图，在自己有限的役期内，捞取实惠。在胥吏的选用上也不严格，不少社会渣滓、地痞流氓混入，从而把欺压良善、奸诈油猾的恶劣行为作风带进了官场。另外，国家的监控机制也有薄弱之处，监察主要是针对官员的行为，对于吏的大量琐屑繁杂的政务活动则显得间接无力，因而无法及时制止和有效地制约吏弊。从吏的数量、实际作用及规制来看，这些不是官的吏已成为政府机构及其行政的重要组成

部分。清末还有官员总结说："明朝是与宰相、太监共天下，本朝则与胥吏共天下耳。"又反映了清代胥吏的权势及其对吏治败坏的严重影响。吏既然不是官，没有官的职和权，他们是凭借什么舞弊营私、蠹政害民的呢？

书吏虽然没有科举士人的满腹经纶，但他们所熟悉掌握的，却是具体政务方面的实用知识与技能。书吏分工经手各类事务，就某一方面而言，他们的精通程度要超过他们的长官。讲授吏业是当时的专门学问，不少人在任书吏之前就已经过专业知识的学习。书吏正是以己之长而制长官之短。而公文的繁缛、律例条文的繁多，也造成了官员对书吏的依赖。中央各部院堂官、司官皆"不习吏事"，办理案件往往是先由书吏查找先例成案，再比照有关条文规定草拟，上交司官，司官略加润色，呈交堂官，堂官若不驳斥就算定案了。书吏正是借条文成例之繁杂、疏漏与矛盾之处而上下其手，要挟需索，以致候缺者得官之快慢、官员处分及罪案判处的轻重、工程经费造报的多少等，一定程度上掌握在他们手中。官员怠政，也为书吏揽政作弊提供了可乘之机。

地方官对胥吏的依赖性更强。地方衙门的胥吏主要是本地人，熟悉本地情况，而且有各种关系。而地方官非本地人，且须迁调，任期又不长，了解情况有限，很多事情要借助胥吏。胥吏则利用他们的乡土关系及对本地政情、民情的熟谙，而欺蒙长官、左右长官。

胥吏之擅权，还由于他们结成盘根错节的关系网，或者盘踞某衙门。如中央各部书吏，浙江绍兴人最多，自明末至清代一直如此。有些肥缺衙门，则成为某些宗族的世袭盘踞地。肥缺衙门书吏，多是子孙相承。缺主擅权，也是书吏害政的一种表现。

精于吏道的奸吏们，作弊手段也是多种多样的。他们除利用律例、则例疏漏、含糊等上下其手外，还常常采取涂改、抽换、伪造、销毁文档等手段作弊。有的书吏还利用官员行政中的某些疏忽、缺失或短处，逼使某些官员按照他们的意志行事，故清代有"清官难逃猾吏手"之说法。

胥吏擅权舞弊造成的危害具有特殊性，而且是严重的，胥吏败坏吏治，主要表现在贪赃图利上。与官相比，吏的贪赃舞弊有以下特征：一是普遍性。清代自京畿以至各省，很少有不营私利的官员。二是明目张胆，大量地表现为公开的勒索受贿。三是见缝插针，凡过手文书、经手之事，有空就钻，雁过拔毛。以上公开的经常性的枉法行为，无论在官场之中，还是官府与民间，都已成了司空见惯、见怪不怪之事，可以说，他们对官场风气的败坏及吏治的腐败，比起官僚为害更甚。

吏势的发展还造成了官场及行政中极为反常的现象——官受制于吏、官与吏勾结。官受制于吏，一表现为本衙门官员依靠吏开展工作，进而受吏的欺蒙挟制。二则是官员惹不起上级衙门或有行政关系的其他衙门的吏，受他们的拿捏，必要时还要打点他们。官吏勾结，或表现为官"恃吏为爪牙"，或表现为官与吏合伙贪赃舞弊。还有的官为了不落得"失察胥吏"的罪名，而为胥吏开脱罪责，为其祖护。凡此种种，是吏治败坏及其恶性发展的原因之一。

　　胥吏败坏吏治，是清代政治中的一大弊端，贪官与污吏，像无数条吸血管，吸吮着帝国的肌体，剥削着民脂民膏。嘉道时期的社会经济并未萎缩，国家的税收本应充裕，但由于官吏侵吞、挪用、亏空及亏欠，朝廷赋入大大减少。

第五节 "捐班"制度败坏吏治

清朝迅速走向衰败究其本质来讲，是随着生产力发展，上层建筑与经济基础的矛盾达到了不可调和的地步，代表旧的、落后生产关系的上层建筑必然趋向灭亡。晚清王朝犹如漂浮在海中不堪重负的航船，沉没只是时间问题罢了。吏治腐败是清王朝灭亡的原因之一，开办卖官买官的捐纳制度造成了吏治败坏，直接加速了它的灭亡。晚清时期，国势日弱，国家财政收入十分困难，为了开辟财源，以卖官鬻爵为内容的捐例之风大开。卖官买官的结果，不仅造成国家的名器不尊，仕途拥塞，还造成了清王朝官吏素质的严重下降、吏治的日趋腐败、民心的逐渐丧失，所有这一切是导致清王朝覆亡的重要原因。

晚清时期只要有钱，下至刚出生的娃娃，上至昏昏然的太翁都可买个官位，多掏钱还可以买到实职，这样的官员怎能为百姓办事，为朝廷着想？按"商品"交换原则，当上官后怎能不尽快捞本？清代社会对于官员的道德规范和行为准则有不少规戒，即

所谓官箴。康乾盛世，恪守官箴的官员相对较多，晚清衰世，顾惜官箴者便越来越少。清代州县衙门大堂的前面都立有一座碑，上面写着："尔俸尔禄，民膏民脂。下民易虐，上天难欺。"这座碑称为戒石铭，又叫戒石箴，是皇帝用来戒饬官吏奉公守法，不得贪赃虐民的。戒石铭赫然在目，但官员们熟视无睹，照样贪赃残民。

晚清贪污活动的又一显著特点是形成了以财求官，以官求财的恶性循环。明的是捐纳，暗的则是行贿。从现有材料看，当时的行贿受贿大都是为了保官、求官、买官、跑官。大臣保举是升官的重要途径，其中有些就是用重金求得的。

捐纳，又叫赀选，有时也称捐输、捐例、开纳，即人们所说的卖官鬻爵。它通常由政府条订事例，定出价格，公开出售，并形成为制度。清朝捐纳的开办，始于顺治，完备于康、雍、乾三朝，冗滥于咸丰、同治两朝，终于宣统朝，前后存在了 200 多年。

晚清时期，以捐纳为内容的卖官鬻爵现象十分突出。从道光开始，历经咸丰、同治、光绪各朝，清王朝把捐纳卖官发展到了一个顶峰。19 世纪初年，白莲教大起义送走了康乾盛世，清王朝从此衰落下来。到了道光时期，伴随着国库空虚以及接踵而来的鸦片输入、白银外流，清政府的财政发生了严重的危机。为了解决财政困难，清政府饮鸩止渴，开始把捐纳卖官作为主要的敛财之道。道光末年，两粤用兵，军饷浩繁，各省争请捐输，遍设捐局。道光皇帝在位 30 年，年年都有卖官的记录。仅捐监一项，就收入白银 3388 万多两，每年平均收入 100 多万两。到咸丰时期，外有因第二次鸦片战争失败而导致的巨额赔款，内有太平天国农民战争的巨大冲击，清政府的财政就更加困难，几乎处于崩溃的边缘。咸丰皇帝绝望之余，更是把捐纳作为重要敛财门径提上重要的日程。1851 年咸丰帝即位当年，爆发了洪秀全领导的太平天国起义，为了筹措军饷，咸丰帝仿照道光时期的办法，开办了《筹饷事例》。《筹饷事例》原定 1 年，但因太平天国起义规模越来越大，一时无法扑灭，所以宣布无限期地开办下去。咸丰、同治年间，因为捐例广开，以致社会上"官多如鲫"，出现了大量的冗官冗员。"花翎红顶，几遍城市"。因官缺有限，还形成了庞大的候补队伍。以江苏为例，同治十三年（1874）道员可由外补之缺不过二、三员，府、州、县、同（知）、通（判）可由外补之缺不过数十人；而此时补道约有六七十员，候补府、州、县、同、通约有一千余人。文官如此，武官亦如此。由于武职候补人员众多，以致一、二品大员无法安置。因补缺无期，一旦署事，犹如饿虎入羊群，其贪得无厌，可想而知。大量的冗官冗员严重影响正途出身的官员升迁。"同光之治"时期，虽然国家财政有所好转，但卖官鬻爵情况却较前更加严重。当时，捐纳是国家卖官的主要形式，主要有：捐实官、捐虚衔、捐封典、捐出身、捐贡监、捐加级等。虽然光绪五年（1879 年）与光绪二十七年（1901 年），朝廷先后下诏，明令停止了捐纳这项祸国殃民的政策，然因积重难返，诏谕形同虚文，直至清朝灭亡，以捐纳为表现方式的卖官买官的行为实际

上始终未能真正终止。

捐例广开，以致捐员成分复杂，造成吏治严重败坏。晚清官场流行一个有趣的对联："三品天青褂，六味地黄丸。"对仗极为工整，讽刺一药铺掌柜即使穿上三品官服，也只懂得丸散膏丹。同光年间，随着洋务新政的开办，大批捐员又进入各类洋务企业，候补、候选捐员参与洋务新政，给洋务企业带来了浓厚的封建性。许多捐员仍用传统办法管理企业，把企业衙门化，使这些企业成效甚微。

长期开办捐例，出售官爵职衔和实官，对晚清社会的政治、经济、新政等带来了巨大的危害。1901 年，清政府宣布实行新政，正式宣布停止捐纳。但谕令颁布不久，又因各省赔款摊派数额巨大，新政经费无着而再行开捐。当时正逢宣布废八股、停科举，大批生员仕途受阻，因此争抢购买官衔爵位几乎达到了高潮。吏治败坏使清朝到了无法挽救的地步。

对于道员、督、抚之类的大官来说，不仅有下属"孝敬"，也可以卖官鬻缺，官做得越大，钱越弄得多。有一些特殊的官职，如管理盐务的盐运使、管理关税的海关道等，是大家公认的肥缺，收入甚多，是大家都想干的差使。即使当一位学政，也有养廉银可拿，做一次主考，也是有"棚费"（考试时地方官向人们摊派银两，送给主考）收入的。

多数中、下级京官生活是相当清苦的，所以都希望有朝一日能外放实缺，就可以发财了，然而"实缺"、"肥缺"毕竟有限，争之不易，得到实缺的捷径就是走捐纳的路，不然的话就只好眼睁睁看着有实权的大大小小官员凭借权力发家致富，大发横财。

晚清最后10年，清政府一方面效法西方，推行新政，预备立宪，裁并机构，精减冗官冗员；另一方面，又不停地开办捐纳，大肆卖官鬻爵，以致吏治严重败坏。大批捐员借办"新政"，假公济私，巧立名目，摊派勒索，收受贿赂，专务肥己，中饱私囊。吏治的败坏直接引起下层民众的不满，民变因而风起云涌。

捐纳制度产生的官员绝大多数尸位素餐，形同走肉，大大降低了政府执政能力。晚清政府思想腐败，执政能力愈来愈弱，在西方进入工业化革命的时候，晚清还抱着"老祖宗"的祖训来执政，对于思想的革命、科技的进步茫然不知。光绪、慈禧、宣统（隆裕太后）等执政者不是懦弱无能就是蛮横无理、冥顽不化或乳臭未干，偌大的帝国命运就掌握在这些人手里，怎能不败落！再加上各级层官吏以捞钱为主业，不学无术者居多，几乎到了无官不贪的地步，就连八旗子弟也不愿为爱新觉罗家族卖命了。

晚清盛行的捐纳制度对清末政治产生了十分严重而深刻的影响。首先，捐纳制度导致了晚清官吏素质和能力的严重下降，削弱了清王朝的实际统治能力。清朝前、中期，选拔官吏的渠道主要是通过科举制度的选拔考试，虽然也有捐纳卖官一途，但在官吏的选拔过程中尚不占主要地位。通过科举选拔出来的官吏，虽然大多都是埋头八股、不懂经济之道的仕子，但他们毕竟经过多年的传统文化熏陶，尚能知道礼义廉耻，讲究忠君报国，追求修身、齐家、治国、平天下。到了晚清时期，卖官和买官泛滥，通过捐纳、贿赂上来的官吏，基本上都是一些"千里做官，只为吃穿"的平庸之辈，他们大都贪污、敛财、投机、钻营，很少考虑如何去承担自己应尽的责任与义务。这样的官，很难谈其为官的素质和治理能力。其次，纳捐制度还助长了晚清官场的贪污腐败之风。在晚清官场，无钱什么事都不能办成。纳钱给国家只能捐到做官的资格，捐官者能否得到实缺，还要看其向所管官员的行贿程度，握有实权的官吏借此大贪特贪，聚敛无度。史载，同光时期，恭亲王的岳丈、协办大学士桂良刚刚就任直隶总督，便向下属官员大肆索贿巨金。一名姓卞的候补者向桂良行贿巨金，才得到了个署理冀州的官职，节日还要送银 1000 两，才能保住近一年的官位。桂良到永定河去视察工程，他的孙子跟他走上一趟，即收了当地官员之礼 3 万余两，苦苦度日的一名穷候补人员竟然为了得到实职也借钱送礼达 5 万余两白银。湖广总督官文被弹劾免职回京时，因银子太多，装运困难，就地开了 9 个当铺。最后，捐纳制度卖掉了人心，卖掉了大清江山。卖官买官不仅降低了官吏的从政素质，造成了官场的混乱与腐败，而且由此导致的是人心的丧失，江山的易色。晚清朝廷公开卖官，官职成了商品，官场。成了市场卖官买官既然是一种钱权的交易，买官者自不必为了良心和忠诚去做赔本的买卖。他们一旦官钱易手，补得实缺，必然要唯利是图，不顾百姓的死活，不择手段地大贪特贪，去成千上万倍地榨取人们百姓的血汗。朝廷虽然一时用捐纳办法缓和了财政危机，但这种饮鸩止渴的办法却最终引发了更大的社会危机。卖官买官、贪污腐败的结果，从根本上激化了阶级矛盾，造成了国穷民困，官逼民反。清政府既不能带领国家阻遏西方列强的侵略，又不能解决国内工商业的凋敝及广大农村的贫困问题，只能够造就大批贪官污吏去鱼肉人民、剥削人民，它本身就在全国人民面前丧失了存在的理由。不堪忍受剥削和死亡的人们百姓掀起了一场又一场的反抗斗争。1851—1864 年的太平天国运动几乎推翻了清王朝的腐败统治。此后，下层民众的反抗斗争连绵不断，最终引发了一场更大的革命风暴——辛亥革命运动，彻底推翻了这个不再为国尽力、为民造福，只知道卖官鬻爵、苟延残喘的晚清王朝。以捐纳为敛财之道的晚清王朝最终因为吏治不修而成了自己的掘墓人，历史说来就是如此的无情。1911 年辛亥革命爆发，清朝被推翻。随着清朝的灭亡，捐纳制度也随之成为历史的陈迹。

第三章

经济凋弊

第一节　闭关锁国政策及其解体

所谓闭关政策，它不仅仅指限制对外贸易的政策，而且包括在政治、经济、文化上都带有与世隔绝和盲目排外的倾向，它是一种封建主义对内对外政策的总称。在西方资本主义东侵时期，明朝就开始实行闭关政策，到清朝入关建立全国政权，更变本加厉地推行闭关政策。

清朝，海上对外贸易较前代有相当的发展。到鸦片战争前夕，大致经历了禁海锁关、四口贸易、一口贸易三个阶段。

清初，严格奉行禁海锁关政策。这一政策的实行，主要有两个原因：其一是西方殖民者屡屡入侵，已构成了对中国主权的严重威胁，如 1637 年英船炮击虎门炮台事件。其二是郑成功割据台湾，使清朝的统一大业迟迟未完成。出于防范西方殖民者和遏制郑氏势力的目的，顺治四年（1647 年），清廷颁布了禁止出海禁令，禁止外洋各国来华贸易。到顺治十二（1655年）年，又重申不准沿海居民开展对外贸易。"不许片帆入口、一贼登岸。"由此可见，清初的禁海锁关是相当严厉的。直到康熙初年，收复台湾的问题仍然没有得到解决，所以，清廷的禁海政策也没有丝毫的改变。清初的禁海锁关政策持续了整整40年。

从康熙二十三年（1684年）开始，清廷开始调整外贸政策。这一调整是与国内形势密切相关的。康熙二十二（1683年）年，台湾郑氏政权瓦解后，设立了台湾府及台湾、诸罗、凤山三县。随着东南沿海地区的平定，清廷调整了对外贸易政策。当年十月，即宣布开海弛禁。康熙二十三（1684年）年，"诏开海禁"，允许人民出海贸易，在解除沿海民人海禁的同时，也允许洋商来华贸易，并设立粤海、闽海、浙海、江海四处海关，分别设置在广东的澳门、福建的漳州、浙江的宁波、江南的云台山，从而开启了多口贸易时期。

此时，主要贸易活动基本都在广东进行，厦门和宁波的贸易则由于规礼之争执、当地商人资金短缺、没有可遵行的贸易惯例和成文法等诸多原因，洋船来此贸易的规模和次数很小、很少，而云台山迄今尚未发现有关中外贸易的记载。乾隆二十四年（1759年）发生了洪任辉事件后，清廷采取断然措施，关闭了浙海（宁波）、闽海（漳州）、江海（云台山）三处海关，从此，中国的对外贸易又转变成广东一口贸易。

为了适应通商的需要，粤海关（广州海关）下的口岸计有5大总口和43处小口。5大总口分别是澳门总口、乌坎总口、高州梅录总口、海安总口、海口总口。这些口岸的功能不尽相同，有的允许外国商船靠岸贸易，有的只是专门征收商税而已。

到鸦片战争前夕，除清初禁海锁关外，大部分时间实行的是一种限关政策。这种政策的后果大致有三个方面：一是加固中国封建社会的封闭性和落后性。闭关政策和限关政策是自给自足的封建自然经济的产物，这种政策的实施，使中国长期处于与世隔绝的状态，阻碍了中国与世界的交往，保护了封建的自然经济，有害于中国资本主义萌芽的成长，助长了封建统治者妄自尊大的心理。清朝最高统治者既昧于世界大势，又盲目排斥外国的一切东西，正如高宗于乾隆五十八年（1793 年）在复英国国王乔治三世的信中所说："天朝物产丰盈，无所不有，原不藉外夷货物以通有无。"二是促进广东地区的经济发展。限关政策对封建自然经济的整体没有什么大的冲击，但对长期实行开放的广东地区却有相当大的影响，主要是促进了广东珠江三角洲的外向型农商品专业区域的形成；促进了广东外向型手工业基地的建立；刺激了商业市镇的成长和商业队伍的扩大；通过大量银元的流通，增强了广东社会的金融实力，壮大了商业资本；加强了广东与省外的联系，促进了商品经济的发展；加强了广东与世界各国的经济、文化交流，使广州成为当时中国人开眼看世界的活动中心。三是在某种程度上起到了民族自卫的作用。清朝的闭关和限关大约持续近 200 年，这时是西方殖民势力东渐的时期。清

朝这一政策，其制定的是维护国家利益的措施，体现了一个主权国家的外贸政策，对于抵制西方殖民者入侵具有一定的遏制作用。

清朝推行闭关政策，原因很多：

第一，从军事上看，是为了防范欧洲海盗商人在中国沿海的劫掠活动。明末清初，西欧进入资本原始积累的高峰期，殖民主义者和海盗商人疯狂地掠夺亚非拉人民的财富，频繁骚扰我国东南沿海地区。1622年，荷兰殖民者强占澎湖，骚扰福建沿海地区，劫夺商旅，焚烧村庄，掠掳人口，1624年被福建总兵俞咨皋领兵驱逐。荷兰侵略者从澎湖逃走后又占领台湾，"筑城拼田，以图久居"。1626年，西班牙殖民者侵占台湾的基隆与淡水。1637年，英国武装商船炮轰广州虎门。此后，西欧殖民者虽然把侵略亚洲的战略重点放在东南亚，但对中国沿海的骚扰从没停止过。对这些侵略分子进行一定的防范是完全必要的，这是捍卫国家主权和保护人民生命财产所必需的。但是清王朝对外国人不加区别，笼统对待，对从事正当贸易的外商也规定种种不合理的限制，这不仅妨碍了中外正常的经济文化交流，也无助于防范真正的犯罪分子，有效地防御侵略。

第二，从政治上看，目的是维护其封建统治。清王朝是满族入主中原建立起来的封建帝国，汉族人民向来有反抗异族统治的民族传统，清王朝在统一中国的过程中亲身感受到满汉民族矛盾的严重程度。郑成功据守台湾，吴三桂西南变乱，风起云涌的农民运动，遍布全国的秘密结社，表现形式虽各不相同，但都反映出汉族人民的"排满"情绪。为了防止汉族人民与外国势力结合反清，清王朝采取了以不变应万变的闭关政策。用清王朝封疆大臣们的话来说就是"非我族类，其心必异"，认为"华夷深交，必生变乱"。此外还有封建统治者妄自尊大心理在政策上的体现。两千多年的封建专制帝国，尽管内部争战不休，改朝换代，却从来没有被那些域外之邦侵占过，他们不相信简单地拒绝那些在沿海轻叩门户的外国人会导致王朝的覆灭。中国在整个古代历史长河中，特别是在东方，在亚洲都是大国、强国，它和周围邻国（如日本、朝鲜、越南）都是藩属关系，邻国、属国每年要"纳贡"，长此以往，大清帝国还是以为自己是"天朝上国"，除"中央之国"的中国外，都是"夷狄之邦"，当世界形势变化了，而其心理还未改变。其实西方人是比古代"蛮夷"高强出许多倍的侵略者。而清王朝严遵一个逻辑：西方既是"夷狄"，自然应该向"天朝"看齐，而"天朝"绝不应该，也不屑向他们学习什么东西。这种妄自尊大的偏见，是闭关政策的思想基础。有这样一个思想基础，就必然导致消极被动地去处理同前来敲门的西方人的联系。

第三，从经济上看，是为了维护自给自足的封建自然经济。首先，从根本上说，闭关政策是封建自然经济的产物。在西欧资本主义突飞猛进的18世纪，中国仍处于封建社会，清朝的经济结构仍然是小农业和家庭手工业相结合。亿万人民生活在经济上自给自足，政治上被封建宗法制束缚起来的农村中。无数个村庄、集镇和城市互相隔离，没有和周围广阔世界进行频繁联系的必要与可能。整个国内的商品生产、商品交换并未充分发展起来，对外贸易成了可有可无的东西。封建政府的主要收入来源于田赋，而工商业只占极少部分，从当时生活水平来看，广大百姓自己能产出粮食，自己能织出布匹，自己能解决食用油盐，这种男耕女织的自给自足生活决定了农民不需要同国外进行交换。在这个社会里，一切皆可自给，无须他求。因此，当年的清王朝，既不要求向他国购买货物，也不急需向别国出售货物。正如乾隆皇帝给英王乔治三世的一封信中所说的，"天朝物产丰盈，无所不有，原不藉外夷货物，以通有无"。这种夜郎自大的思想正是当时自给自足的自然经济的反映，是清王朝夜郎自大的精神支柱，也是推行闭关政策的经济根源。其次，从动机上看，推行闭关政策是为了维护封建自然经济。为了这个目的，它对内实行"重农抑商"政策来压制资本主义的萌芽，对外则推行闭关政策来限制中外贸易和防止外国资本的进入带来封建经济的瓦解。清王朝认为只要关上"天朝"大门，就可以使"大清江山，万世一统"，永远保存这个"旧中国"了，但时代的发展粉碎了清王朝的迷梦，等待着清王朝的是丧权辱国的历史悲剧。

至少在上述三种合力的作用下，清王朝长期推行着闭关政策。闭关政策绝不是强者的治国良策，而是弱者的误国政策，有信心的强者是不害怕异国的行进事物的，只有自大的弱者才忧心忡忡。从汉到明初，中国一下处于世界文明先列，统治者向来奉行对外开放政策，汉有张骞、班超出使西域，唐有玄奘赴天竺，明有郑和下西洋。这些壮举，推动了中西方经济文化交流。一方面中国的四大发明传入西方，推动了世界文明的发展。正如马克思所说的："火药、指南针、印刷术——这是预告资产阶级社会到来的三大发明。火药把骑士阶层炸得粉碎，指南针打开了世界市场并建立殖民地，而印刷术则成为新教的工具，总的来说是变成科学复兴的手段，变成对精神发展创造必要前提的最强大的杠杆。"另一方面，中国也吸收了世界各国的文明成果，促进了中国经济文化的发展。佛教的传入极大地丰富了中国文化，西域农作物的传入极大地改进了人民生活。鲁迅先生说得好："汉唐虽也有边患，但魄力究竟雄大，人民具有不至为异族奴隶的信心，或者竟毫无想到，凡取用外来事物的时候，就如将被俘来一样，自由驱使，绝不介怀。一到衰弊陵夷之际，神经可就衰弱过敏了，每遇外国东西，便觉得被俘来我一样，推拒、惶恐、退缩、逃避、抖成一团，又必想出一篇道理来掩饰。"乾隆晚年以后的清王朝，政治黑暗，军备废弛，财源枯竭，民不聊生，进入"衰弊陵夷"之际。封建统治者已失去对外开放的勇气，只是神经质地认为一旦外部势力与人民反清力量结合就会动摇大清江山的根基，干脆关上国门，虽然不知这石头做的墙堤是经不起洋炮一击的。

闭关政策可以说是一种慢性自杀政策。当中国的封建社会和清王朝统治日益没落的时候，欧美资本主义却非常迅速地发展起来。17 到 18 世纪西欧进行了工业革命，机器工业逐渐代替工场手工业，使生产力得到空前发展。资产阶级在它不到一百年的阶级统治中所创造的生产力，比过去一切世代创造的全部生产力还要多，还要大。面对世界大势所趋，清王朝却对西方科学文化一概闭门拒之，坐等落伍，岂不是等于慢性自杀？因为资本主义的本性就是要侵略别国，落后就要挨打，打落后者，是资本主义世界的原则。闭关政策使中国人看不到与西方国家的差距，也就失去了急起直追，迅速增强综合国力，改变中外力量对比的紧迫感，作茧自缚，坐以待毙，终于在 19 世纪 40 年代被英国人用大炮打开国门。此后，西方列强多次发动对华战争，清王朝多次战败，割地赔款，主权沦丧，最终落得个丧权辱国的可耻下场，给中国人民带来了无穷的苦难。

更为可悲的是，在闭关政策失败之后，清王朝仍不主动开放，变法图强，而是抱残守缺，不思进取。想当年日本，幕府政权为了维护封建统治，也曾推行过闭关政策，而且有甚于中国。1853年，美国军舰炮轰江户，用武力打开日本国门，接着，西方列强接踵而至，强迫日本签订了一系列不平等条约，日本和中国一样面临着沦为半殖民地的危险。在民族危亡关头，以天皇为首的日本统治集团能顺应世界潮流，实行"明治维新"，主动改革开放，迅速走上资本主义道路，只用了半个世纪就使日本成为世界列强之一。而腐败的清王朝却不能正确总结历史教训，不主动改革维新，因此，始终无法富国强兵。到1911年，腐败反动的清王朝终于被中国人民推翻了。这历史的教训是值得后人深思的。

第二节　破败的农村

1840 年鸦片战争后，随着《南京条约》的签订，中国被迫打开了封闭已久的国门，外国的商品如潮水般涌入中国市场。中国首先打开市场的是五个通商口岸地区，小农业与家庭手工业密切结合的传统自然经济开始在这里发生解体。

西方资本主义国家向中国输出的商品主要是棉纺织品，而中国手工业最重要的部门也正是纺织业。因此，最早受到外国商品冲击的便是五口通商地区的手工纺织业。在上海及其附近的松江、太仓一带，素以手工纺织业闻名中华，但随着上海开埠，由机器织成的洋纱洋布源源输入，以其物美价廉的优势，很快地就把当地手工织成的家织布比拼下去，使得淞沪一带的手工纺织业深受打击。

另一方面，西方资本主义国家从中国输进口的茶、丝等农产品的数量却在畸形增长。茶的出口由 1843 年的 1300 多万斤增加到 1855 年的 8400 万斤；丝的出口从 1843 年的 1000 多包增加到 1855 年的 5600 多包。由于丝、茶的出口量剧增，一些地区的农民舍弃粮食生产转而种植桑茶。如浙江的南浔镇辑里丝开始大量出口，湖南、福建的农民开始大量种植茶叶，他们将茶叶卖给收购商贩，收购商贩再将茶叶运到通商口岸去卖，或者是在当地就卖给茶商，再由茶商卖给外国商人。中国的丝、茶生产和出口虽然迅速增长，但其贸易却被外国资本所垄断，走上了依附外国资本的道路，从而带有殖民地农业的生产特征。

当时的农村经济不仅受到外国资本的冲击，还受到了战争的摧残。晚清政府在镇压太平天国、捻军和回、苗起义的过程中，屠杀了大量的劳动人民，摧毁城镇劫掠乡村，农民群众纷纷逃难，在战争的地区，道路两旁处处可见冻饿而死的难民，广大农村经济遭受到空前的浩劫。

太平军是与清军战斗时间最长，斗争也最为惨烈的一支农民起义军。当时太平军控制着全国最为富庶的江苏、浙江、安徽三省，而这三个省份在战争中遭到的破坏也最为严重，人口锐减，田地荒芜，满目疮痍。江苏原本是经济发达、人口稠密的地区，清代有"苏湖熟、天下足"的民谚。然而，在经受了战争的蹂躏之后，则呈现出"一望平芜，荆榛塞路，有数里无民者，有二三十里无人者"。太湖一带是清代蚕丝的盛产地，在战争过后也出现了"桑枯蚕死，寂寞荒凉"的惨淡景象。广大长江中下游地区普遍出现了"饿殍遍地，土地荒芜"的惨状。出现这种灾荒

的局面，不仅仅是由于战争破坏所致，更是与清军的烧杀劫掠分不开的。曾国藩的弟弟、时任湘军前敌总指挥的曾国荃，在攻占太平天国首都南京时就曾用"攻取南京，大索三日"来激励湘军将士的士气，而小规模的公开劫掠更是随处可见，以至于当时有的知识分子在目睹战后的惨状时，认为官军烧杀劫掠的惨状，不亚于贼匪。

清政府在镇压了太平天国起义之后面对残破不堪的农村社会经济，不得不宣布减免赋税。这种免税政策表面上看是与民休息的惠民政策，实际上是清政府为了满足地方官吏的要求而扶植地主阶级的措施。清政府在江浙地区先后实行减免漕赋三分之一的优惠政策，然而待减赋诏书颁发后，地主们纷纷声言"减租"，但是事实上减少的只是一些租税的名目，实收租税非但没减反而增加。此外，在征收田赋的过程中，由于地方官吏贪赃枉法、上下其手，田赋的实际负担就全部落在农民身上。当时许多省份出现了大户和小户、绅户和民户的区别，纳税的多少不是以拥有土地的多少而定，而是以户主人的贵贱强弱来划分。总体来说，不仅没有使农民的负担减轻，而且一般的中小地主也没有捞到多少实惠。

进入20世纪，中国广大的农村经济仍然是封建式的小农经济，大部分土地仍旧掌握在地主手中。军阀、官僚、地主、富商、高利贷者、大买办大肆兼并土地，他们所占的土地面积多达数千亩、数万亩，甚至数十万亩。随着资本主义经济在城市的发展，在城市周边的村镇，地租的形式从分成地租向定额地租、从实物地租向货币地租发展。虽然这种地租形式的变化表现出农民对地主人身依附关系的松动，但是这种人身依附关系的松动丝毫没有减轻地主对农民的剥削，有的地方甚至达到了敲骨吸髓的地步。

清政府不断增加的外债、巧立名目的捐税，到头来又都落在农民身上。仅庚子赔款一项，从 1902 年起，每年必须支付赔款 1800 多万两，头三年还要另外加上赔款缓期半年的利息 300 多万两。户部把赔款额摊派给各省，还建议各省试办房间捐、按粮捐、地丁收钱提盈余、盐斤加价再加价以及增抽厘金等办法，如上述办法难以施行，各省还可以因时制宜、因地制宜。于是，各省的田赋、粮捐、房捐、卖税以及其他各种名目的苛捐杂税多如牛毛，各级地方官吏又乘机贪污勒索、中饱私囊。宣统三年（1911 年），《盛京时报》刊登了一幅时画，题目是"中国新制服"。这幅画非常形象而真实地反映了当时捐税的惊人繁重。画面是一老人，头上戴着"洋烟赔款"的帽子；左袖是房捐、人口捐、地捐和六畜捐；右袖是死捐、活捐和生产捐；双手都是动手捐；上身是车捐、吃饭捐、喝水捐和炕捐；无不有捐，且多捐上加捐。这幅画形象地勾画出当时苛捐杂税的繁重情况，暴露了清政府对人民的盘剥达到了敲骨吸髓的程度。这些名目繁多的苛捐杂税，把广大劳苦群众推进了苦难的深渊，这就使得他们与封建统治阶级的矛盾达到白热化的程度。

以清政府为代表的封建地主阶级的残酷压榨，是造成农村经济破败的一个原因；另一个摧残农村经济的重要原因就是帝国主义的疯狂掠夺和商业高利贷资本的残酷盘剥。

鸦片战争后，随着通商口岸的开放，外国商品特别是物美价廉的洋纱洋布，使得农村家庭手工纺织的家织布几乎没有任何销路。一系列条约的签订，开放了大量的通商口岸，为资本主义国家倾销商品提供了便利条件。《天津条约》《北京条约》规定增开牛庄（后改营口）、登州（后改烟台）、台湾（台南）、淡水、潮州（后改汕头）、琼州、汉口、九江、南京、镇江、天津等11个通商口岸，光绪二年（1876年）签订的《烟台条约》，又开放温州、宜昌、芜湖、北海等口岸，使战前的五口通商变为二十口通商，由东南沿海四省扩大到北方沿海及长江中下游诸省。允许外国人前往内地各处游历、通商的规定，使列强的通商由沿海、沿江各口深入到内地。此外，修改税则的规定，降低了洋货进口的纳税率，洋货内销及购买土货只需缴纳一次性的子口税，有利于洋货的倾销和对土货的采购，不像中国本国商品那样"遇关抽税，遇卡抽厘"，从而使洋货在与中国同类商品的销售竞争中处于有利的地位。另外，西方资本主义各国的工业在19世纪50年代以后迅速发展，1869年苏伊士运河的通航，其商品在成本价格和运价上较以前显著降低，19世纪70—90年代，外国输华的棉纱、棉布价格比以前减少了四分之一，最低时减少三分之一以上。低廉的价格保证了洋货在中国市场的大量倾销。自19世纪60年代以后，洋货入华贸

易总额不仅数额大，而且不断增长，1864—1875 年约为 1 亿 ~1.4
亿海关两，1876—1887 年达到 1.4 亿—1.9 亿海关两，1888—
1894 年已增至 2 亿—2.9 亿海关两。其中棉纺织品进口数的增长
最为迅速，1842 年，仅占进口总额的 8.4%，1867 年增至 21%，
1885 年，棉织品已居诸进口货物之首位，占总额 35.7%，1891 年
增至 39.8%，货值额为白银 5330 万两。这一时期进口数量剧增
的另一种洋货是棉纱，1871—1873 年为 3.8 万公担，1881—1883
年达 11.8 万公担左右，至 1891—1893 年间，猛增到 70 万公担
左右。洋布洋纱的大量进口，导致中国落后的棉纺织业被迫破产
停歇，基层百姓对洋布的大量购用，广大家庭棉纺织手工业的破
产停歇，使传统的封建自给自足自然经济解体，为采用大机器纺
织的官办民用纺织业和民族资本纺织企业的兴起和发展提供了
条件。

当时，中国出口商品主要是茶、丝、大豆、棉花。从 1871—
1883 年，茶的出口货值占出口总值的一半左右，1891—1893 年
降至 26.9%；丝的出口货值占出口总值的 1/4 至 1/3。19 世纪 90
年代初期，棉花与大豆的出口量迅速增加，1881—1883 年出口
棉花 1.7 万公担、大豆 8.5 万公担，1891—1893 年棉花出口增至
29 万公担、大豆增至 76 万公担。棉花出口量的大增，主要是因
为日本棉纺织业的发展，国内缺棉，西方主要产棉国美国的棉花
价格又高，因而到中国掠买廉价棉花。茶、棉花、大豆的大量
出口，必然刺激中国这些经济作物的种植，促进农产品商品化

的发展。农村经济被卷入了资本主义商品市场，自给自足的小农经济遭到破坏，直接加速了广大农民的破产。据直隶省景县的调查，1880年一斗小麦可以换取十五尺洋布，到了1910年便只能换取九尺二寸，减少了三分之一以上。投机商人和高利贷者利用农民的贫困，对农产品进行压价收购，低价买入，使得农民受到难以估量的巨大损失。由于商业资本的控制操纵，粮价暴涨暴跌，农民只好用借高利贷的方式得以活命，这就使得农民越来越严重地受到商业高利贷资本的盘剥，这种盘剥又与封建地租、商业资本投机剥削联系在一起，从而迫使广大农民陷入绝境。

亿万农民的破产，不能不引起农村经济的衰败。农民们挣扎在饥饿的死亡线上，吃顿饱饭都已经成为奢望，就更谈不上改善生产、更新农业工具了。晚清时期的农民仍旧使用着世代相传的木犁、耙子、锄头、镰刀，由于家境贫困，养不起耕牛，只能用人力代替耕牛进行原始的刀耕火种，由于没有钱购买肥料，只得坐视土地日益贫瘠，生产衰退。加之连年不断的严重灾荒，更使得农村经济处于崩溃的边缘。

归结起来，以西方国家为首的帝国主义、以清政府为代表的封建地主阶级和以投机商人、高利贷者为代表的商业高利贷资本是造成晚清农村经济破败的罪魁祸首。它们导致农民日益赤贫化，农民的贫困直接导致了农村经济的衰败，农村的总体贫困又造成了整个国家贫穷，社会本已存在的各种矛盾激化，农民起义爆发，清政府又得镇压起义，使得国家更加的贫穷，加之连年的灾荒和沉重的外债，清政府就是陷在这样一种自己布下的恶性循环中无法自拔，最终走向灭亡。

第三节　民族资本兴起

清朝晚期，封建主义生产关系虽然仍占据统治地位，但是，作为新兴政治力量基础的中国资本主义经济已经产生，并且逐步发展起来。

中国资本主义因素萌芽于明朝末年，它随着社会生产力和商品经济的发展，会缓慢地进到资本主义社会。但是，鸦片战争后，外国资本主义的入侵，打破了中国资本主义的正常发展规律，同时，也刺激了中国的社会经济，"不仅对中国封建经济的基础起了解体的作用，同时又给中国资本主义生产的发展造成了某些客观的条件和可能。因为自然经济的破坏，给资本主义造成了商品的市场，而大量农民和手工业者的破产，又给资本主义造成了劳动力的市场。"中国民族资本主义的产生，主要不是自身发展的结果，而是 19 世纪 60 至 70 年代由一部分官僚、地主和商人，逐步投资新式工业形成的。在此以前，封建母体内部孕育的微弱的资本主义萌芽，有的在外国商品倾销的打击下枯萎了，有的虽然采用某种廉价进口原料，但由于生产工具、技术陈旧，发展不见起色。这些工场手工业虽然没有发展成为近代工业，但它们所创造的物质基础，为民族资本主义近代工业的产生准备了某些条件。同治以后，思想比较先进，又具有一定资金的工场手工业场主，开始购置机器进行生产，跨入了近代工业的行列。截止到甲午战争以前，民族资本近代企业曾出现过一百余家，有的后来停办，坚持生产的大约有七八十家。他们在投资经营手段上，除官办外，主要采取"官督商办"、"官商合办"的形式，纯粹商办者甚少。

外国资本主义的刺激、洋务运动的影响以及当时出现的一些经济条件，使19世纪70年代以后的中国也产生了一批具有近代工业特征的资本主义企业。这些企业，大部分是封建官绅、地主、商人、买办所创办。

这一时期，中国的早期民族资本主义经济，在工业领域，主要集中于缫丝工业、棉纺织工业、面粉工业、火柴工业、造纸工业、机器修造业及采矿工业等方面。这些工业创办初期，由于资金匮乏，设备较简陋，故规模较小，生产能力和生产水平均不高。为了方便资金周转，并为了尽快获得较大利润，工业企业多集中在轻工业部门。在地区分布上，也多集中在上海、广州等沿海地区或通商口岸一带。它代表了一种新型的、进步的自由资本主义的生产关系，它采用了一些较为先进的科学技术，实行了一定程度的社会大生产方式，符合中国社会经济发展的方向；但是，中国民族资本主义经济，从它诞生之日起，就遭到外国资本主义和中国封建势力的掣肘和压迫，因此它的发展并不是一帆风顺的。

随着帝国主义对中国侵略的步步加深，1895年日本和清政府签订的《马关条约》，给中国社会政治、经济带来了更为严重的影响。条约进一步助长了帝国主义侵略中国的野心，不仅允许日本资本家在中国投资设厂，而且使列强在中国投资合法化，这就进一步打击了中国软弱的民族资本主义经济，也阻碍着中国社会生产力的发展。

在这种形势下，中国的有识之士，纷纷要求清政府采取措施保护本国民族经济，奖励兴办实业。

面临列强的压力及社会舆论的呼声，清政府采取了一系列扶植民间兴办实业的政策和法规。如：1898年，总理各国事务衙门议定振兴工艺给奖章程；1903年，设商部，并公布商会简明章程，制定奖励公司章程；1904年，颁布商律及公司注册试办章程，奏定矿务章程；1905年，在京师设劝工陈列所，设户部银行；1906年，颁布奖给商勋章程，将商部改称农工商部；1907年，颁布华商办理农工商实业爵赏章程及奖牌章程，制定大清矿务章程等。

在1894~1911年间，中国的民族资本主义经济进入了一个初步发展时期。

民族资本主义经济的发展，首先表现在办厂数量和资本额的增加。据不完全统计，自1895~1913年间，共设立厂矿549家，这与甲午战争以前相比较，已有了明显的增长。在地区分布上，除仍集中于上海、广州、天津、杭州、无锡等沿海地区外，内陆经济发达地区也增长迅速，仅武汉一地即新办工厂28家。在经营规模上，甲午战争以前，小型厂矿甚多，而甲午战争以后，其资本额50万元至100万元有40家，资本额100万元以上即达17家。

其次，官督商办、官商合办、商办的工矿企业的比例也有所变化。据统计，甲午战争以前，自1872~1894年的70家厂矿中，官督商办、官办企业19家；商办企业53家，其资本额仅有前者的三分之一。甲午战争以后，1895~1898年资本额在100万元以上的80家厂矿中，官督商办、官办企业18家，资本额为500余元，商办企业62家，资本额已达1千余万元，商办企业已占有明显的优势。

再次，在工业部门发展的趋势上，仍以轻工业占较大比重。其中，尤以纺织业发展较快。自1895~1899年，新建纱厂9家，纺织厂16家；1905~1908年，又开设纺织厂8家，织布厂21家。以全国中资厂商拥有的纱锭而言，1890年为35000锭，1894年为129020锭，1900年为336722锭，1911年为497448锭。这个时期的纱厂犹如雨后春笋，如1895年，张謇创办南通大生纱厂；1896年，杨宗濂与杨宗瀚创办无锡业勤纱厂、严信厚创办宁波通久源纱厂；1897年，陆润庠创办苏州苏纶纱厂、庞元济创办杭州通益公纱厂；1898年，朱幼鸿创办上海裕通纱厂；1907年，徐祥林创办上海振华纱厂等。

面粉业也是轻工业中的重要部门，光绪四年（1878年），天津海关道朱其昂在天津创办第一家机器磨粉厂，以蒸汽机为传动装置。此后，上海、福州等地也开设了几家机器磨坊。据统计，自1896年至1904年，较大的面粉厂就有13家，1905年后，因抵制美货运动，美国面粉滞销，中资面粉业再次获得发展机会。它主要分布在长江流域和东北地区。著名实业家荣宗敬、荣德生，就是在这一时期与官僚朱仲甫合作，在无锡创办了保兴面粉厂，后更名茂新面粉厂，其面粉行销远及东北各地。

火柴业、烟草业，也兴盛起来。自1895~1913年，新成立的火柴厂有58家。第一家民族火柴厂是卫省轩光绪五年（1879年）于广东佛山建立的巧明火柴厂。19世纪80—90年代，在天津、厦门、重庆、上海、广州、太原等地也先后创办了火柴厂。但是，由于资金薄弱，设备简陋，众多的火柴厂，其生产难以为继。烟草业，自1905~1908年即新办16家。中国最大的卷烟业工厂南洋兄弟烟草公司，由简照南、简玉阶兄弟于1906年创办于香港，后转内地设厂，其烟草行销全国各地。

机器轧花业。光绪元年（1875年），江苏奉贤开办的程恒昌轧花厂最早，光绪十三年（1887年），宁波建通久源轧花厂，机器购自日本。

印刷业。光绪八年(1882年)上海的同文书局，是私人最早创办的机器石印企业，曾翻印二十四史等古籍。此后上海又建立十几家石印书局。苏州、广州、杭州等地也出现一些石印书局。

造纸业。19世纪80年代，广州出现两家机器造纸厂。

这一时期，在轻工业的其他部门，如缫丝、榨油、造纸、酿酒、制革等工业，也都有了不同程度的发展。

重工业方面，中国传统的采矿业在20世纪初叶，随着全国各地收回路权、矿权运动的高涨，也得到相应发展。从1895~1910年，即新设采矿业78家，大大超过甲午战争以前的发展速度。伴随采矿业的兴盛，冶炼工业、金属加工企业，也发展起来。

19世纪末至20世纪初，是中国民族资本主义经济初步发展时期，它虽然表现了资本主义经济在兴办初期一些难以避免的缺陷或弱点，诸如资金短缺、设备比较落后，技术水平不高，生产能力较低下等；但是，它仍影响着全国社会的变动，推动着社会生产力的发展，为即将兴起的民族民主革命运动打下了物质基础。

以上民族资本近代企业，主要集中在通商口岸和通商口岸附近的地方，多属轻工业，资本较少，受洋务派督办的民用企业、官办及官督商办企业以及外国企业的压迫和排挤，因而困难重重，步履维艰，不但发展速度慢，而且倒闭停产者也不少。

第四节　大清"洋经济"

19世纪末至20世纪初，伴随着西方列强在中国的激烈争夺，外国在华投资亦有了很大发展。鸦片战争后，列强对中国的掠夺在很长一段时期主要是通过商品贸易方式。其间，有非法的、破坏中国主权和严重危害中国社会的鸦片走私、劳工贩卖等，更多的则是通过他们控制的条约口岸，向中国大量倾销廉价商品，诸如棉毛纺织品、各类金属制品等。此一时期，列强资本输入中国虽已开始，但较缓慢，数额亦不太大，且多集中于银行投资和航运事业等方面。

中日《马关条约》规定，日本臣民得在中国通商口岸从事各项工艺制造和各项机器进口，只缴进口税。这一规定，为日本和列强扩大在华投资大开方便之门，它们纷纷援引"利益均沾"的片面最惠国待遇条款，积极在中国开掘矿山，兴办工厂，控制铁路修筑权，最大限度地获取经济利益。自1895~1911年间，各国在华投资有大幅度增长。据统计，由鸦片战争至甲午战争前，外国在中国兴办的厂矿有 23 家，设立时的资本额为 7631 万元；而甲午战后到辛亥革命前夕，新建厂矿 120 家，设立时的资本额达98233 万元。主要投资国有英国（37 家）、日本（39 家）、俄国（14家）、德国（12 家）、美国（7 家）、法国（6 家）等。

矿山开采方面，各国为了有效地开掘中国各类矿藏，从1895—1911 年，英、法、俄、日、美、德、意、比等国，先后与清政府签订条约、协定、合同等 40 余项，矿区分布于黑龙江、吉林、奉天、热河、直隶、山西、山东、安徽、福建、四川、云南、贵州、广西、广东、新疆、西藏等省区，涉及煤、铁、石油、金、银、铅、铜、锑、云母等矿种。其中，不少成为近代中国历史上的著名矿山，如 1899 年德国投资的山东坊子华德矿务公司，1899 年中俄共同开采的蒙古金矿公司，1900 年中英联合开采的直隶唐山开平煤矿，1901 年中俄投资经营的奉天抚顺煤矿，1902年中法投资的湖北阳新万顺公司，1907 年英国投资的焦作河南福公司，1910 年中日投资的奉天本溪湖煤矿公司，1911 年中英投资的直隶唐山开滦煤矿等，其投资额均甚巨大。

工厂企业方面，甲午战后有了很大发展。西方资本主义国家主要投资于棉纺织、烟草、造船、机器制造、面粉、自来水、电气、缫丝、榨油、制糖、酿酒、火柴、造纸等工业部门，其投资额亦增长迅速。

西方国家在中国建棉纺织厂，开始于 1897 年。英国首先在上海创办怡和纱厂、老公茂纱厂，设纱锭 65000 枚；美国在上海办鸿源纱厂，设纱锭40000枚；德国亦在上海办瑞记纱厂，纱锭也有40000枚。1902年，日资开始较大规模地进入中国，在上海先后设立纱绩株式会社、九成纱厂、内外棉纱绩株式会社。日资纱厂资本雄厚，迅速超过英、德厂商，之后还垄断了山东、河北等地的棉花市场，对民族资本主义的纺织业造成威胁。

烟草工业，是外商投资的重要行业，其中占垄断地位的是英美烟公司。该公司合英、美两国纸烟厂商，成立于1902年，总行分别设于伦敦与纽约，在上海、汉口、沈阳、哈尔滨、威海卫等地，均设有制烟工厂，其销售商号遍及全国各地。除英美烟草公司外，日本、俄国在华烟厂，也有一定的经济实力。中国制烟厂家在财力等方面尚难与之抗衡。

面粉工业，是外资着力投入的另一重要领域。1900年，俄国首先在哈尔滨创建第一满洲面粉厂。其后几年间，俄国在哈尔滨及东北各地再建30余家面粉厂。日本、英国、德国，也在汉口、上海、铁岭、哈尔滨等地建厂，外资机制面粉业的发展，给中国的面粉业带来严重影响。

在工业生产的其他领域，均不同程度地渗透了外国资本。如造船业是一个新兴工业，1900年耶松船厂合并祥生船厂、和丰船厂建立的新的耶松船厂公司，不仅可以修理船舶，同时能兴建大型船只。1900年，德国投资兴建瑞熔船厂。他们控制了上海的造船事业，排斥中资江南船坞等。外资亦积极染指直接影响人们生活的城市公用事业，如英商、法商很早就控制了上海的自来水、电力、煤气、公共交通等事业。

西方资本主义国家为了牢固地控制在华投资，扩大经营范围，以获取高额利润，故在中国建立了一些经济垄断组织。如英国早在鸦片战争以前即设立怡和洋行。该行控制着上海、香港、广州及长江流域的关系企业30余家。日本亦于1906年在大连设立南满洲铁道株式会社，它除经营东北地区的一些铁路外，还在中国经营矿业（特别是抚顺及烟台煤矿之开采）、水运业、电气业、铁路附属地内土地及房屋之经营与其他企业。其后，南满洲铁道株式会社发展成为日本侵略中国的重要的经济、政治战略基地。

外国在华投资，虽然一定程度上促进了中国现代工业的发展，但是对于中国民族工业的成长造成严重的危害。据统计，自1895—1911年，各类工矿企业中，中资厂矿490家，资本额为111313千元；外资厂矿虽只有120家，但资本额已达98233千元，显然外资厂矿实力雄厚。中资厂矿，多系小厂。以资本1万~50万元计算，中资厂矿433家，资本额51610千元；外资厂矿78家，资本额20399千元。以资本50万~100万元计算，中资厂矿40家，资本额27980千元；外资厂矿21家，资本额15452千元。资本达100万元以上的中资厂矿17家，资本额为31725千元；外资厂矿21家，资本额已达72382千元，外资厂矿在工业部门中具有明显优势，它们扼制了中国民族工业的发展。

铁路运输是国民经济的大动脉，也是推动社会经济发展的重要环节。晚清时代，虽然一些有识之士如李鸿章、郭嵩焘、左宗棠、刘铭传等人，主张大力修建铁路，可是，在清末一批保守势力的极力反对下，铁路建设进展缓慢。列强看准这一形势，积极插手投资中国的铁路事业。自甲午战争以后，至辛亥革命以前，直接投资或参与经营中国铁路运输的有英、俄、日、德、法、美、比、葡等国家，与中国签订的修筑或运营铁路运输的专门条约、章程、合同等，即达 82 项，可以说是列强在华投资最大的一个经济领域。他们通过直接投资、向清政府贷款或提供铁路材料及工程技术力量等方式，控制筑路大权。19 世纪末，随着各国在华划分势力范围的活动不断加剧，他们争夺筑路权的斗争也日益激烈。英国垄断了长江流域的筑路权，并向西南各省扩展。德国夺得了山东省的筑路权。俄国原控制长城以北及东北地区，在日本挤进来以后，双方平分秋色。法国主要获得了西南和两广地区的筑路权。美国、比利时主要掌控了贯穿中国南北的芦汉、粤汉铁路修筑权。

　　西方各国不仅获得在中国筑路的权利，而且夺得在铁路沿线开发土地、开采矿藏、架设通讯线路及某些地区的森林采伐权。在铁路经营方面，他们也享有种种特权。

　　自 1895—1911 年间，由各国投资、贷款修筑并完成通车的铁路，有中东铁路（满洲里—绥芬河）、南满铁路（长春—大连）、胶济铁路（青岛—济南）、芦汉（京汉）铁路（北京—汉口）、正太铁路（正定—太原）、道清铁路（道口镇—清化镇）、沪宁铁路（上海—南京）、汴洛铁路（开封—洛阳）、滇越铁路（昆明—越南海防）、沪杭甬铁路（上海—杭州—宁波）、广九铁路（广州—九龙）、安奉铁路（安东—奉天）等。

西方资本主义国家在中国的投资，对中国晚清社会经济的发展，产生了严重的影响。

第五节　捉襟见肘，入不敷出

　　乾隆盛世之后，清王朝财政状况急剧恶化，财政收支"入少出多"，库存不断减少。乾隆一朝用兵多次，但在所谓"十全武功"即将结束的乾隆五十五年（1790 年），国库存银尚达 8000 万两。自嘉庆朝起，则每况愈下，嘉庆元年（1796 年）为 5658 万两，十六年（1811 年）为 2078 万两，十九（1814 年）年为 1240 万两。道光前期稍见好转，从元年至十四年（1821—1834 年），平均每年有 2716.3 万两，后期又趋减少，道光二十三年（1843 年），国库贮银仅 990 多万两，三十年（1850 年）为 800 万两，相当于乾隆朝最高数额的十分之一。国库存银之所以逐渐减少，主要是赋税征收的亏欠和支出的增加。

　　收入方面。嘉道两朝由于官吏明目张胆地贪污侵蚀，以及水旱灾害的频生，地方应解交中央的赋额年年亏欠，为了解决财政的拮据，两朝曾多次清查钱粮亏欠，嘉庆五年（1800 年）户部奏，自嘉庆三年后仅两三年，全国积欠"不下二千余万"。虽然中央采取严密盘查、严催弥补积欠等措施，但效果甚微，最后，皇帝不得不"普免"，即使不免也是追落无着。另外，这一时期鸦片泛滥、白银大量外流，白银流通量减少，银贵钱贱，百姓赋税负担加重，民欠增多，也是政府征银数额减少的原因之一。

支出方面。清政府每年财政支出的大项是兵饷、王公百官俸饷、驿站及治河费。嘉道时期，前几项与雍乾时期相比无大的变化，治河费一项则比以前显著增加，这是造成嘉道时期财政匮乏的重要原因之一。清代河漕工程分南河、东河两部分，其中南河费用较大，嘉庆时，南河工费也就一百余万两，道光末已增至三百五六十万两。用于重点地段大修的费用数额更大，嘉庆十年至十五年（1805-1810 年）的五年之内，南河用于抢修及年例岁修、另案专案等项的用银就达 4000 余万两，每年合 800 万两。朝廷拨与河工的巨额款项，并未完全用于维修，其中相当一部分落入官吏的私囊。河道总督是当时有名的肥缺，任河督者往往以不应修处而报修，多估工料价，以及应修处暗留，等大汛抢险时夸大险情冒领巨款等手段，欺蒙侵吞。镇压白莲教大起义，是嘉庆朝财政支出一大用项，达 2 亿两之多，比乾隆朝"十全武功"军费总用额的 1.5 亿两还多近 5000 万两。用款数额如此庞大，战事之所以旷日持久，与领兵官将的侵吞有很大关系。领兵者拖延战争时日，多领兵饷军费，冒领冒销军费现象十分严重。道光朝的回疆之役及第一次鸦片战争，又用去白银数千万两，国库已近竭蹶，以致鸦片战争赔款，不得不勒索商、绅捐输，并分摊于广

东、江苏、浙江、安徽几省（以这几省的关税为主，其次是地丁等项）。地方赔款，又必然影响各省解拨中央国库的数额。咸丰继位之时，国库账面存银为 700 多万两，而结存实银数仅数十万两。

此外，西方列强的侵略还对中国财政经济造成了巨大的破坏，导致资本主义近代工业发展所需资金的严重短缺。列强发动的一系列侵略战争，使中国大量的社会财富毁于战火或被劫夺，政府的军费支出急剧增加，并被迫支付巨额的战争赔款。如持续两年多的中英鸦片战争，清政府支出的战费就达银 2000 万两以上。此外，军事赔款、勒索和掳掠的直接结果，使中国的白银大量外流，至少达银 2000 余万两。两者相加，相当于当时清政府一年的财政收入。又如中日甲午战争，不计大量的战费支出，仅清政府战后被迫支付给日本的赔款实际达库平银 2.6 亿两。此外，日军还掠夺了大量的物资设备及金银货币，其价值约为库平银 8000 万两。当时清政府年财政收入仅银 8000 余万两，为支付赔款，不得不借巨额外债，支付的本息合计达银 6 亿两以上。据不完全统计，仅列强迫使清政府同意支付的战争赔款即达银 7 亿余两。清政府为支付赔款所借外债的利息更达银 10 亿余两，本息数额高达关银 17.6 亿余两，约合 27 亿银元。巨额的赔款必然对财政经济产生严重的影响。支付因赔款所借的外债本息，成为晚清和民国政府财政支出的重要内容。如 1899 年，8 项借款所付本息银数，约占清政府财政总岁入额的 25.9% 和岁出额的 22.8%，到 1905 年约占总岁入额的 41% 和岁出额的 31%。1911 年支付的赔款外债本息即达银 4500 余万两。清王朝最后 10 余年间财政危机的加重和崩溃，列强发动的侵略战争是主要原因。

第四章

「同光中兴」希望的破灭

第一节 洋务：千古变局下的自我救赎

洋务运动是晚清时期进行的第一次革新运动。这次变革运动是清政府面临着国内日益高涨的太平天国运动和鸦片战争以来的"千年未有之变局"而推行的一场自救运动。这场运动涉及洋务机构的添置、军事工业和民用企业的创办及洋务教育的推广等几个方面。历时 30 多年的洋务运动虽然以失败告终，但是这场运动的影响却极其深远而广泛。

一、潮流冲击与自觉反应

鸦片战争以来，西方列强用坚船利炮和罪恶的鸦片击溃了中国数千年来"紧闭的大门"。这不仅标志着中国半殖民地半封建社会的开始，也是中国开始踏上近代化的漫长征程的标志。此后，"数千年未有之变局"一直困扰着这个早已疲弱不堪的满清王朝的统治。再加上国内各地农民起义的接连打击，清政府面临着日益严重的民族矛盾和阶级矛盾。19 世纪 60 年代，外国列强在华

政治经济势力不断加强，英、法、俄、美等国先后在北京建立了公使馆，一方面采取各种措施对清政府进行外交讹诈，另一方面还粗暴地干涉中国的内政。

在经济方面，列强采取向中国倾销商品和掠夺原材料的手段进行搜刮，造成了中国近代经济的崩溃。在帝国主义列强的侵略下，中国社会的农村经济萧条，社会动荡不安，民族矛盾和阶级矛盾日益尖锐。1860 年前后，太平天国运动在长江地区接连重创清军。北方的捻军也在江淮地区日益活跃，成为太平天国的有力盟军。在镇压太平天国运动过程中，清政府勾结外国侵略势力屠杀了无数的人民群众，破坏了广大的城乡地区，社会生产力和国民经济受到空前的浩劫。经过连年的战乱，就连一向以富庶著称的苏、皖、浙地区也变成了"一望平芜，荆榛塞路，有数里无居民者，有二三十里无居民者"的荒凉景象。

此外，十九世纪六七十年代频发的自然灾害也是一个不可忽视的因素。水灾、风灾、虫灾、雹灾、震灾在各省连续发生，甚至出现了赤地千里、饿殍遍野的悲惨景象。在这种情况下，全国各地人民的反清运动接连不断，沉重地打击了满清王朝的统治。这时期，在晚清社会内部孕育出一个新的派别——洋务派。在镇压太平天国运动的过程中，一些具有务实思想的经世派地主官僚成为清朝统治集团中的当权者，他们中的一些人，如曾国藩、李鸿章、左宗棠等都对清朝的统治产生了强烈的危机感。第二次鸦片战争中清政府的再次失败，使他们放弃了天朝上国的虚妄观念，在与西方侵略者的接触中，他们亲眼目睹了侵略者坚船利炮的厉害，进而预感到清王朝存在着一种潜在而长远的威胁。李鸿章就深刻认识到中国的军器远远比不上洋人的军器，认为可以采取向西方国家购买的法子，既省时省力，又可"尽窥其中之秘"。左宗棠、沈葆桢、丁日昌等人在一些言论中也均有同感。可见，当时社会上形成了一种标榜洋务的派别。这个派别包括中央的亲王、地方的湘淮督抚及支持洋务的开明人士，形成了洋务派。这个派别总体思想趋势就是"讲求洋器"、"求强求富"，自强自立，抵御外患。洋务派形成后，他们立即围绕着筹办洋务事宜掀起了一场颇有声势的洋务运动。洋务运动实质上是世界资本主义化历史潮流冲击之下，中国统治集团中的开明分子进行的自我救赎，是自主的回应。

二、历史不自觉的工具

1861 年，曾国藩设立安庆内军械所，试造枪炮弹药，标志着晚清时期洋务运动的起步。洋务运动的范围相当广泛，包括编练新式海军和陆军、制造枪炮船舰、建立外交机构、兴办近代工矿交通企业、设立学堂、派遣留学生等。其中购船、造炮、练兵等军事方面是运动的重点。尽管洋务派在主观上是以巩固大清王朝的统治为兴办洋务的目的，但历史的发展总是自有其轨迹，常常是无心插柳柳成荫，令洋务派始料不及的是，洋务运动催生了近代化，这个封建制度的死敌。

1. 官办军事工业

洋务派最先兴办的是军事工业。从 19 世纪 60、70 年代开始，洋务派在"求强"思想的主导下开展了适应战争和军事需要的军事工业和训练新式军队的活动。从 1861 年曾国藩在安庆设立内军械所开始，洋务派创办的军事工业纷纷出现，先后创办的军事企业有：1862 年李鸿章在上海设立三所洋炮局；1865 年，曾国藩、李鸿章在上海创办江南制造总局；1862 年，李鸿章将马格里主持的苏州洋炮局迁至南京，改名金陵制造局，主要生产大炮和弹药；1866 年，左宗棠设立福州船政局，是中国当时最大的船舶修造厂，用以制造和修理水师武器装备；1867 年，崇厚建立了天津机器局，这是清政府在北洋设立的第一个兵工厂；1867 年，张之洞建立了湖北枪炮厂。其中，江南制造总局由于在资金方面得到清政府的大力支持，因此不论生产设备和技术力量，成为当时国内最大的兵工厂。

洋务派创办的军事工业，完全是官办性质，经费主要来自海关关税、厘金和军饷等经费。企业所生产产品一般不进入市场进行交换，而是作为军火和军事装备无偿调拨给湘军、淮军及沿海各省军队使用。虽然这些企业生产的产品在一定程度上受到国际市场价格的影响，但产品的生产不完全受价值规律的制约。与西方近代资本主义工业相比，洋务派兴办的军事工业具有垄断性、落后性和封建性。当时的这些企业不是独立经营的企业，而是地方政府的一个类似下属机构的性质，不仅在人员任免上受制于地方督抚大员，企业中还存在一些挂名不支薪的官僚。企业的工人不仅工资低廉，还经常受到超经济的剥削和人身自由的束缚。此外，一些官场的旧习恶习也被带到了企业，造成了企业管理上的混乱、腐败现象普遍、成本高昂等弊端。虽然军事企业存在着诸多的不足，但在经营管理方面具有了近代资本主义的性质，在客观上对近代社会生产力的发展起到了一定的促进作用。

2. 民用企业

为了解决创办军事工业时在资源、财政和后勤补给方面的困难，从 19 世纪 70 年代开始，洋务派在继续"求强"的同时，着手兴办以"求富"为目的的民用企业。民用企业主要是兴办一些采矿、冶炼、纺织等工矿业以及航运、铁路、邮电等交通运输事业。轮船招商局是由官办转向官督商办的第一个企业，也是规模最大的民用企业；开平矿务局于 1878 年 8 月开办，虽是官督商办，可是着重采取商办企业经营方式。1882 年唐胥铁路开始通车；1886 年开平铁路公司成立；1888 年又将该路修筑至大沽。1880 年，在天津设立电报学堂，培养电报专业人才，电报总局也相继设立；1884 年上海至广东的线路竣工，电报总局由天津迁往上海；次年，上海至汉口的电线接通。在洋务派创办官督商办企业的同时，中国社会还出现了一些商办企业。这些商办企业主要是由一些官僚、地主、买办和商人投资而来的，也有一些是从原来的旧式手工业工场、作坊开始采用机器生产转化而来的。由于当时中国半殖民地半封建的社会性质，官督商办企业实际上就是清政府封建

官僚支持的企业，它主要是依靠民间势力的投资和管理。官商督办从积极作用方面来说，清政府可以通过这种官督商办企业抵制和打破外商对中国近代工商业的垄断。但在半殖民地半封建的晚清社会，这种官督商办企业根本无法摆脱封建官僚的控制和对外国资本主义的依赖，无法成为独立的近代工商业体系。这种官督商办的企业无法遵循资本主义市场经济法则来运作，也无法按照资本主义生产方式进行生产。在官僚与洋商的双重制约下，企业缺乏发展的空间和市场竞争的能力，它只是清政府与洋商制约下的一种极不正常发展的产物。虽然洋务运动不可能真正达到"求强"、"求富"的目的，也没有改变中国半殖民地半封建的社会地位，但不得不承认它在一定程度上促进了中国资本主义的发展。

3．编练新军

训练新式陆海军是洋务运动的主要内容之一，也是兴办军事工业的目的所在。第二次鸦片战争结束后，英、法等国为了确保他们的侵略特权一再表示愿意帮助清政府训练军队，提供西式军火及其铸造技术，以便进一步控制清朝的军队。在外国侵略者的支持下，清政府利用有利条件和充足的饷源，大力购买洋枪炮，雇用洋人教习，极力扩充军队。从 1862 年开始，湘、淮军大量改用西洋枪炮，扩编队伍。淮军队伍很快就从六千多人发展到五六万人，洋枪三四万，炮营六七营。1867 年，左宗棠所部的湘军中洋枪的比例增加到六成。1864 年，清政府在各处开始编练新军，先后编练成"威远队"、"练军"等新式军队。这些新军聘请洋人担任教官，运用西法进行操练，从而在一定程度上提高了军队的战斗力。 整顿海防，筹建新式海军是洋务运动的又一项重要内容。清朝原有的旧式水师早已腐败不堪，战斗力十分低下。随着内忧外患局势的发展，清朝统治者迫切需要运用西洋的舰船和战术来装备清代海军。1861 年，奕訢等人就曾奏请批准曾国藩等人购买外国船炮的要求。但是，筹建海军的工作一直进行得十分缓慢。1874 年日本派兵侵占台湾的举动在清朝统治阶级内部造成极大的震动，统治阶级立即将筹建海防事宜搬上台面。1874 年 11 月 5 日，清廷发布《海防亟宜切筹折》，并下令沿海沿江各省督抚和左宗棠详细筹议相关事宜。半年之后，清政府统治阶级终于达成了加强海防的方针，并任命沈葆桢和李鸿章分别督办南北洋海防事宜。1881 年，清政府开始以创建北洋海军为重点筹建水师工作。1888 年，北洋水师正式建成，共有大小舰船 20 余艘，其中铁甲舰 2 艘，还有巡洋舰、鱼雷艇等比较先进的舰只。不久，福建水师、南洋水师和北洋水师也先后建成。1888 年，北洋舰队不再添置舰只，1891 年以后又停止购买枪炮弹药。至 1894 年甲午战争前夕，三洋海军共有船舰六七十艘，形成了一支具有相当规模的海军建制。在筹建海军的过程中，政府还在各省口岸先后修建了近代化的炮台和威海卫、吴淞口、马尾、广东黄埔等港口，形成了具有初级规模的海防体系。

4. 文化教育

随着外交事务和洋务运动发展的实际需要，洋务派在 19 世纪 60 年代至 90 年代前期相继创办了一批"西文"、"西艺"两类学堂，并派遣学生分赴欧美和日本留学，掀起了洋务教育运动的高潮。1862 年，同文馆在北京正式设立，这是洋务派创建的第一所新式学堂。该学堂以培养翻译和外交人才为宗旨，招收 10 名八旗子弟入馆学习。1863 年 4 月，同文馆内又相继设立法文馆和俄文馆，各馆学生从八旗中选取，年龄在十四岁内外。1867 年，算学馆几经周折也设立。同文馆学制分为八年制和五年制两种，八年制的学习内容包括：认字写字、练习句法、翻译条子等等有关外语学习的课程，另有讲各国地图、读各国史略、数理启蒙、代数学、几何原本、微积分、航海测算、讲求化学、天文测算、万国公法、富国策以及汉文经学等内容。五年制除与外文有关的课程不学外，其余课程与八年制大体相同。在之后陆续设立的外国语学堂还有上海广方言馆、广州同文馆、台湾西学堂及武昌自强学堂等教育机构。

为了适应近代化工业的需要，洋务派还举办了以学习外国语言和技术为主的各类学堂。1867 年，福建船政学堂内是中国第一所近代海军学校，也是中国控航海教育和海军教育的发源地。前学堂是造船学校，主要培养修造船的技术人员；后学堂是航海学校，目的是培养驾驶人员和高级轮机人员。洋务派设立的以造船和航海为主的技术学校还有广东实学馆、天津电报学堂、上海电报学堂等各类学堂。洋务派还创办了为新式海陆军服务的各类军事学校，如天津水师学堂、天津武备学堂、广东黄埔鱼雷学堂、江南水师学堂、湖北自强学堂等。截至 1894 年，洋务派共创建了各类新式学堂 20 余所。

留学生的派遣工作也是洋务派文化教育事业的重要组成部分。从 1872 年开始，清政府开始向海外派遣留学生。同年 8 月 12 日，第一批赴美学习幼童 30 人启程出国；1873 年，福州船政局派遣第一批留学生 35 人赴美学习；1877 年 3 月 13 日，福州船政局派遣第二批、第三批留学生继续出国深造。据统计，清政府向外派遣留学生 200 余人。派赴欧洲的留学生主要学习海军专业技术，其中的一些学生归国后大都成为中国海军、造船、航海或其他科学领域中的骨干力量。由于当时科举制度尚未废除，这些新式学堂又缺乏足够的师资、经费和设备，学生人数并不是很多，但毕竟打破了旧式的教育制度一统天下的局面，培养了一批近代科技军事人才和知识分子，并在文化教育方面起到了开通风气的作用。

三、洋务运动失败的综合因素

历时 30 多年的洋务运动从经济、军事、文化教育等方面开启了中国迈向近代化的征程。当然，学术界对于洋务运动的评价还不太一致。如李平心认为洋务运动是"一种官僚改良运动"。胡绳也认为，洋务运动不过是想以资本主义的皮毛来维持旧社会秩序、旧统治的实质。

但是随着研究的逐步深入，目前大家对于洋务运动的看法趋

于肯定。多数学者都认为洋务运动的兴办促进了中国资本主义的发生和发展，加速了旧的地主阶级和农民阶级的进一步分化、新的资产阶级和无产阶级的产生和形成。洋务运动是一场以"师夷长技以制夷"为口号学习西方的运动，客观上破坏了中国自给自足的自然经济基础，为资本主义准备了商品市场和劳动力市场。因此，它在一定程度上促进了社会生产力的发展，我们还是应肯定其进步作用。但它毕竟没能实现洋务派标榜的自强，在这个意义上说，洋务运动失败了。

洋务运动本身就是一个错综复杂的矛盾体，这种复杂性使其不能处理好各方面的关系，必然造成洋务运动的失败。洋务运动的失败是多种因素造成的后果，既有社会环境的原因，也有变革派自身局限的限制。具体来说，洋务运动失败的原因有以下几个方面：

第一，政治改革的严重滞后是洋务运动失败的重要原因。洋务运动是在中国近代史上具有一定进步意义的自强运动，其失败的主要原因是洋务派的目的着眼于经济改革达到求强求富的，而对政治的改革却是谨小慎微，唯恐越雷池一步，以至于害怕其性命和官位不保，又如何谈得上洋务的政治改革？洋务运动着意于"求强"、"求富"的经济快速发展，来维护清政府的封建统治，封建统治者及洋务派不可能认识到经济要与政治同步发展的必要性。洋务运动只不过是封建统治者在危机中的一种自救运动，以经济的发展来维护其政治的稳定，所以他们并非要触动其根深蒂固的政治体制，反而认为其政治制度是最合适不过的。洋务派提出了"自强"主张，那也绝不会触及封建专制的政治制度和社会制度。洋务派在政治方面没有大的政治作为，也缺乏中国政治改革的先进意识，他们只是想要通过学习西方的先进技术来促进经济的快速发展，以达到维护清王朝封建专制统治的目的。洋务派产生政治改革的认识约在 19 世纪 80 年代初，直至 90 年代甲午战争退出历史舞台的中心位置，洋务派的政治改革只是挂在口头上，并没有任何实际政治改革的作为。在一个腐败的政治基础上发展经济，势必就会形成一条腿走路的发展格局，而当时的洋务运动自始至终是处于一种无序的状态，从其内容上看也缺乏完整而全面的规划。只是眼前需要什么就办什么，比如说为镇压太平军起义、抵御外国进犯就发展军事工业，当军事工业之不足之时就开始发展民用工业。最初，清政府还是投入大量人力物力财力，最后，由于盲目发展造成了经费不足的局面，又不得不采取商办的形式来维持。

第二，"中体西用"指导思想的局限。洋务派思想中强调"中体西用"，不断学习西方的先进技术，目的就是在危机的情况下进行自救。洋务派全力于封建统治的自救，却不想触及其权力机制。而洋务派思想中的"中体西用"观对其行动起了很大的指导作用。在洋人用坚炮利器打开了大清国门之时，洋务派的精英们虽效仿制造洋器，兴办军事工业，发展民用工业等，但洋务派的思想和心理却是相对保守而绝非开放性的。所以说，西用只是一

种向西方学习的方式和手段。而由于他们自身根深蒂固的思想理论和在清朝政府中确定的位置，受到来自社会和内心的多处限制和约束，这些就会使得洋务派们难有开阔的眼界和太大的动作去进行深入的改革，只能在经济领域职权范围内做一些可做之事，并不敢超越政治这一界限。对他们来说，忠君要高于一切，固有的文化影响在他们的头脑中也是根深蒂固，不可能轻易改变。在这样的文化背景下，洋务派的负担过重，虽然眼馋着西方技术，但也只能是负重徘徊。的确，洋务派中有一些人受到西方先进政体的影响思考过将中体引入西用，可是结果只能是个别人脑中的一点想法罢了，不敢也不能去实施。现在回顾洋务运动的代表们，以中体西用作为运动的原则和准绳未免有些目光短浅，也恰恰是这"中体"禁忌的思想阻碍洋务派的运动向前发展，导致了运动的最后失败。在19世纪70年代以前，地主阶级承担着历史责任，洋务派是地主阶级中的精英集团，他们理想是处在矛盾中的，在洋务运动中可以说是摸索前行，没有改革的经验，他们不可能丢弃固有的几千年的封建专制统治思想，应该说就是有心想要改革政治，他们也无力应对，就是一个喊着求强求富的经济改革竟然也是困难重重。所以说要求他们有开拓创新性的大作为，对他们来说无疑是难上加难了。

第三，日益腐败的封建官僚机构是洋务运动失败的另一个重要原因。晚清时期，清政府的政治早已是一种吏治腐败、弊窦丛生的状态。中央统治权威的式微造成了地方督抚权力增大，带来的是全国局势控制上的失势和中央财政的严重危机。官场中更是钩心斗角，争夺权利，贪污腐化，中饱私囊。作为洋务运动倡导者——洋务派同样难免流于世俗，只有在争权夺利上占有先机才能壮大自己的力量，扩大自己的权限。官场的相互倾轧和排除异己使洋务派首先想要尽力做到自保，以致不能用最大的能力和精力来完成这项历史任务。在洋务事业的兴办过程中腐败现象十分严重，盛宣怀就是其中的典型代表。他是李鸿章办洋务企业的总代理人，可是在位期间利用职位之便胆大妄为，乘时巧窃，所揽大权。在企业运营中也是弊端丛生。上海制造局每当领到公款后，都挪作私用。一些官员利用手中特权对企业干涉过多，甚至以手中权力以各种借口巧借资金，造成国有资产的严重流失。当然，这种腐败现象在兴办其他洋务事宜中也是屡见不鲜的。

第四，企业管理运作方面的局限。洋务企业的运营基本上采取的是"官督商办"（个别采取官办形式）的形式，由政府整体指导和督促。官办和官督商办应该说有利于政府进行宏观调控，从而增大资源与资本配置方面的优势。但是，在洋务企业的运营过程之中，由于管理人员素质能力方面的限制，导致这些企业在管理中缺乏相应的科学性和系统性，形成了一种"官督是真、商办是假"的局面。特别是随着"官督"权力的逐渐增大，"官督商办"这种形式已经完全扭曲变形。这些洋务官员无论从思想到管理的科学知识方面都很缺乏。如张之洞在设立铁厂的择址上，就出现过严重的失误和过错，并未考虑到附近有无铁矿和煤矿问题。一些地方洋务大员对于洋务事业的运作也是缺乏经验。沈葆桢负责的福州船政局实行的竟是一套军事化管理的方法。试想一下，这样一个具有非常现代的机器设备的造船厂，难道运用军法来军事化管理就能够提高企业的效益吗？当时的一些外国商人注意到了官督商办企业中官督的危害性，他们认为在经营管理方面衙门式的干预，只会把这些企业引向混乱与垮台。这种弊病带来的是官督商办企业在运营管理方面的混乱和经济效益的低下。可见，这些官员们根本就没有意识到先进技术和人才对于企业发展的重要性。相反，当时的一些商办企业却是获利甚丰。"当它在官厅的手中，常常是失败的，当它租给一个商人时，除了当地的棉花收成不足以外，它总是赚钱的。"可见，洋务企业官员们管理企业过程中的方法和手段是欠科学性的，管理人的水平及个人素质也不高，这些因素大大地限制了洋务企业的运营和发展，进而影响到了洋务运动的深入和长远的发展。

第二节　维新：制度变革的初次尝试

1898 年资产阶级维新派领导了一场新的变法运动，史称戊戌变法或戊戌维新运动。戊戌变法是由中国近代先进知识分子——资产阶级维新派发起的一场自上而下的改革运动，是近代制度变革的初次尝试。中国近代资产阶级维新派试图通过改革在中国发展资本主义、挽救民族危亡。

一、民族危机刺激着变法模式的转换

甲午战争之后，列强以"三国干涉还辽"为契机，掀起了瓜分中国的狂潮。俄、德、法三国以"干涉还辽"为借口要求清政府给予一定的"回报"，英国、美国、日本等列强也以此作为要求清政府给予"补偿"的借口。于是，列强为控制和瓜分中国展开了激烈的角逐。这些列强竞相向清政府采取兜揽政治性贷款、攫取筑路权、开矿权、强租借、划分势力范围等方式侵略和瓜分中国。为了偿还战败赔款和缓解财政危机，清政府除了大肆搜刮

民脂民膏外，还大量地举借外债。甲午战前39年，清政府共借外债25次，合计贷款4100多万两。战后4年间的3次大借款（另外还有4次小借款）数额庞大，共计库平银30900多万两。在这些外债中，清政府不仅要偿还高额的利息（战后3次大借款每年平均要偿还2000多万两的利息），还附有十分苛刻的政治条件（如以海关、厘金、盐厘等担保）。

这种"饮鸩止渴"式的自救办法不但没有缓解清政府财政方面的压力，反而为列强的进一步侵略中国制造了借口。列强正是利用这些借款中政治性条款的便利，逐步通过掠得攫取路权、抢夺矿权、划分势力范围等手段达到瓜分中国的目的。在清政府大肆搜刮民脂民膏和各级官吏巧取豪夺之下，甲午战后各地人民的反抗斗争此起彼伏。山西、直隶、广东、江苏、广西、四川等地的农民运动不断，西部地区陕西、甘肃、新疆、青海等地的少数民族反抗斗争频发。总之，在民族危机和阶级矛盾日益严重的形势下，中华民族面临着更为严重的生存危机。为了维护满清王朝的统治，清朝统治者只有采取改良运动才能缓解人心，缓和矛盾。

随着民族资本主义的发展，社会上形成一批标榜"变法维新"的新派别——维新派。早在洋务运动时期，社会上便出现了以沈桂芬为首的第一批早期维新思想家，积极呼吁变法维新，救亡图存。此后，维新派思想人士的队伍逐渐壮大，并在甲午之后逐渐形成维新派。这个派别曾寄希望于洋务派的船炮救国方案，但甲午战争的失败和接踵而至的瓜分狂潮，使他们感到非制度变法，不足以挽危局、救民族。这个派别逐渐形成了一个共同认识：要救国，只有维新；要维新，只有学外国。只有通过制度变法，才能把中国从瓜分豆剖、亡国灭种的危险境地中拯救出来，取得民族和国家的独立与富强。

维新派集团形成后，以康、梁为首的维新派人士立即采取了著书立说、立堂讲学、组织学会、发行报刊等一系列措施积极宣传变法思想。经过几年的努力，一批以维新志士为骨干力量的维新派团体逐渐壮大，并且通过一系列的宣传和鼓动工作为变法维新运动奠定了一定的阶级基础和思想基础。从器物变法到制度革新的转变，是近代历史的一大飞跃。

二、自上而下的大变、全变

维新派主张大变、全变，由维新派发起的戊戌变法的内容涉及政治、经济、教育、文化等各个领域，并在社会上掀起了一股革新变法的思潮。形成了较完整的西学观、教育观、国家观及一批近代资产阶级知识分子，这些都有力地加速了中国社会的近代化进程。

1898 年 6 月 16 日，光绪皇帝第一次召见康有为，商讨和确定变法的步骤与措施。光绪皇帝特许康有为专折奏事，并任命他为总理衙门章京。6 月 11 日，光绪帝颁布"定国是诏"，正式开始推行维新变法。从 6 月 11 日到 7 月下旬，以光绪帝为首的维

新派相继发表了一大批的变法举措。光绪皇帝颁布的这些新政主要是经济、军事、文教方面的改革。经济方面，设立农工商局，鼓励开垦荒地和私人举办实业，奖励发明创造；设立铁路、矿产总局，鼓励商办铁路和开采矿产；设立全国邮政局，裁撤各地驿站；改革财政，创办国家银行，编制国家预算决算，按月公布收支情况；在上海、汉口等一些大城市设立商学、商报、商会等组织机构；取消旗人的国家供养制度，令其自谋职业；成立采用西法研发产品的丝茶公司等。文教方面，改革科举制度，废除八股，改试策论；在京师设立学校，开办京师大学堂；各地书院和寺庙祠堂改为新式学校，并鼓励各地私人创办学堂；各地广泛设立中小学堂；设立译书局，翻译外国书籍；允许自由创立报馆、自由组织学会；提倡学习西方，各省派人出国留学、游历等。军事方面，裁减旧式军队，裁汰绿营，裁汰冗兵；编练新式军队，主要是训练海陆军，并聘请洋员，改习洋操；在各地力行保甲等。政治方面，删改则例，裁汰冗员，取消闲散重叠的官僚机构；广开言论，准许大小官员和各地百姓向朝廷上书，禁止各地官员阻挠；而设议院、开国会、定宪法等一些较为激进的主张在维新变法期间并未推行。

由于维新志士的主张激烈地批判了封建专制主义制度的暴虐，鞭挞了封建纲常名教扼杀人们灵魂的伪善，提出了"废君权、倡民主、兴民权"的资产阶级政治纲领，因而触动了封建社会的政治根基。因此，变法运动遭到以慈禧太后为首的封建顽固势力的坚决反对。9 月 21 日，光绪帝被囚禁，慈禧太后重新"训政"。9 月 28 日，谭嗣同、杨锐等六人血洒菜市口，时称"戊戌六君子"。康有为、梁启超等维新人士纷纷逃亡国外。政变之后，除京师大学堂被保留下来之外，其余各种新政措施全被取消。"戊戌变法"运动就此宣告失败。

三、维新运动失败的原因

维新派发起的戊戌维新变法运动，是一场旨在救亡图存的爱国运动；戊戌变法运动也是一场资产阶级领导的政治变革运动，提出了逐步变革封建专制制度，发展资本主义民主制度的主张；戊戌变法运动还是一场思想启蒙运动，维新派通过创办学会、报刊等形式宣传民主、民权、平等、自由等观念，促进了全社会民主意识的觉醒，其废缠足、兴女学、革陋俗等主张对于改良社会风气也有重要的影响。维新运动虽然昙花一现般地退出了历史舞台，但这场运动所引发的社会政治、经济、思想文化等方面变动的启蒙作用不容忽视。

戊戌变法运动虽然具有重要而深远的意义，但是这场运动却以一种极为悲壮的方式失败了。这场运动的失败纵然与当时的社会形势密不可分，但是其失败的深层次的原因值得我们进行深刻的反思。概括来说，戊戌变法运动失败的原因有以下几个方面：

第一，深层次的思想文化因素与社会心理因素的限制。戊戌变法运动是带有一种忧患意识展开的一场轰轰烈烈的社会变革运动。戊戌变法开始后，维新派的宣传与鼓动确实对于营造变法氛围和宣传变法起到了一定的作用，而且这种宣扬实际上也迎合了统治者挽救王朝危机的要求。于是，光绪帝及帝党官员赞同并积极参与了这次变法，洋务派、爱国士绅等社会各界人士也抱着一种积极的态度。在光绪帝及帝党的支持下，戊戌变法进展的速度相当惊人。然而，这种举国支持变法维新的好景并不长。一旦变法措施触及顽固派所抱残守缺的最低限度——封建专制体制及传统文化机制，必然会招致顽固派势力的坚决反对，甚至一些曾经支持变法的人士也阳奉阴违，在暗中或以公开的方式极力抵制变法维新运动。作为社会的主体——社会中下层官绅群体和下层民众或随波逐流，或以沉默的方式面对。即使一直高呼"变法"、"维新"的以康、梁为代表的维新派人士的思想观念也是莫衷一是的。他们虽然在一定程度上受到了西方文化的影响，但是影响了中国人几千年的儒家思想和理念却是根深蒂固的。以华夏为中心、尊崇孔子是中国传统文化的特性，成为了维新派潜在的一种指引和支持。在宣传变法维新时，他们往往把政治和学术混同在了一起，在学习和参照西方改革时，这种传统观念 制约着学习西方先进文化的程度。因此，在维新变革与守旧派的理论斗争中，维新变法者的软弱特性致使不可能建立起一整套比较系统的理论体系。可见，当时保守思想为主的社会氛围大大地制约和阻碍了戊戌变法运动的深入发展。

第二，顽固派势力强大，阻碍与扼杀了戊戌变法。顽固派和维新派从政治集团利益上就是对立的。当权的顽固派不可能因变法而让权于维新派，而维新派手中没有权力就无法开展变法运动。正是在这样的矛盾中，两派的争夺越演越烈，带来的后果是顽固派对于变法举措的推搪、敷衍和抵制。慈禧太后是清王朝的最高统治者，她通过提拔大批的朝廷重臣成为亲信，以达到她想要长期控制朝政的目的。其中，控制着清廷军机处的世铎、刚毅，控制总理衙门的奕劻，掌握军事大权的荣禄等都是后党集团的重要成员。以慈禧太后为首的后堂集团基本上都属于顽固的保守势力，他们对于维新派的变法主张最初多是敷衍搪塞。他们本意并不需要变法，也不可能真正去支持变法。可是，当光绪帝亲政日期逐渐临近时，慈禧的亲信们尤其是当权重臣都感到十分不安，他们怕光绪帝亲政以后不能再重新重用他们，从而权位不保。这些被慈禧提拔任用并掌握着清政府的军政大权和朝中重臣为了维护阶级集团利益和个人利益，对维新派推行的革新举措极力阻止或暗中破坏。当光绪皇帝和大臣商讨国事时，守旧派臣僚总是百般阻挠。虽然光绪帝也一直试图拉拢帝党成员和维新派人士扩大自己的势力范围，然而，帝党集团之中缺乏手握权柄的朝中重臣，大部分都是毫无实权的小吏和清流之士。可见，维新派和守旧势力之间的力量对比十分悬殊。可想而知，维新派所推行变法举措会遭到来自社会各界保守势力的重重阻碍。为了维护顽固派自身集团的政治地位及利益，在清帝重用维新派如康有为等

进行变法时，顽固派是百般阻挠和打击。在变法伊始，光绪帝曾多次下诏令收纳变法改革的人才。对此，中央大员和地方督抚如墙头草一般敷衍塞责。没有维新人才的支持，维新派的活动则是举步维艰。顽固派对待康有为的态度更是恨之入骨，达到了欲食其肉的地步。掌握军事大权的荣禄认为光绪帝偏听偏信，变法策动者康有为是在乱法非制，一定会给清朝带来严重的后果，并多次在慈禧面前进言破坏变法，排挤、打击康有为。当光绪皇帝想要任用康有为，荣禄更是竭尽全力地加以阻挠。黄遵宪、谭嗣同、梁启超等人，同样多次受到顽固派的参劾。以开设制度局为例，开设制度局的提议一出立即遭到了顽固派的强烈反对，对于皇帝的新政诏令，顽固派也是公开拖延甚至于抗拒执行。新政措施在地方推行过程中也是遭到了社会各方守旧势力的阻挠。可以说，维新派变法一直是处于顽固派多方打击和阻挠之下的，皇帝无能无权，康有为等又如何能够获得变法的权力来完成领导这场运动的任务呢？而一群无权之变法者的变法改革也必将失败。

第三，维新变法自身存在严重问题。维新运动是一次维新派救亡图存、发展资本主义而进行的自上而下的改革运动。维新派人士那种勇于变法、敢于开拓的精神是值得尊重的。与洋务派相比，维新派也是进步许多：洋务派的中体西用根本就不敢涉及政治体制的改革，而维新派的仿效西方大谈政治体制改革，体现了中国近代史中知识分子与时俱进的先进性。然而，维新派自身也有着很不成熟的一面：推行改革的措施过于激进；在思想理论上也不是很成熟，阶级基础和群众基础没有建立起来；维新派力量过于薄弱，变法领袖层是被以慈禧为首的后党集团排挤出决策层的以光绪帝为首的一个松散无力的派别；维新派没有将西方先进的政治思想与近代中国的实际国情相结合，犯下了一种理论脱离实际的形而上学的错误。总之，维新派推行变革的措施过于激进，他们完全低估了在当时社会环境下推行变法的困难程度，而是主张"大变"、"速变"、"全变"。在仅百余日的变法中，各种变法措施如纸片一样乱飞，根本没有考虑到各个领域各个层面的关系以及过激运动所带来的后果。这次变法运动在短时期内就触及官僚机构、科举制度及旗人生计等方面的内容，势必会损害一些当权者的利益，甚至于原来的许多支持者因不理解和惧怕也相继远离了变法运动，最终走到了维新派的对立面。总之，变法运动的深入和扩大与整个社会的发展是极其不协调的，产生了诸多的矛盾，变法又过度地追求速度和广度，势必忽略了一些基础性措施的建设。可见，维新运动的组织领导者过于不成熟，从而缺少在实际操作中的政治智慧和灵活的变法策略，又没有客观冷静地认识到制约变法运动的种种困难，只是过分依赖一个无权无力的光绪帝。因此，维新派为顽固派的反扑和扼杀变法运动提供了契机，造成了变法运动的最后失败。

总之，在维新变法运动之中，无论是在传统思想文化和社会

心理方面的制约，还是顽固派的极力阻挠与扼杀，抑或是维新派的变法措施的种种失当，都极大地限制了维新变法运动开展的深度和广度。

第三节　新政：近代化的全面启动

1901—1911 年，伴随着战败的耻辱和日益严重的民族危机，清政府的统治阶层终于开始觉悟，并在这段时间内发动了一场旨在救亡图存的改革运动。这场运动涉及政治、经济、文化和社会风俗等各个领域，加速了中国近代化运动的进程。

一、清末新政在立宪派壮大中开始

20 世纪初期，中华民族的民族危机到了空前严重的程度。这时期帝国主义列强出于侵略的需要，改变了以往那种大谈特谈"瓜分"和"赤裸裸的武装入侵"的方式，而是转向较为温和的"以华治华"的政策。在列强侵华政策转变的背景下，清政府逐渐成为了列强驯服的工具。这种危机既包括列强对中国经济权益尤其是路矿权益的疯狂掠夺，也包括列强加大向中国进行投资。1901年，俄国在哈尔滨成立满洲制粉公司，日产量 2200 包；1902 年，日本在奉天设立满洲制粉株式会社，日产量 2000 包。

列强对中国经济上的疯狂掠夺，通过资本输出和掠夺经济资源的方式左右着中国社会经济的发展方向，造成了中国经济百业凋敝的悲惨景象。可见，20 世纪初，列强对中国路矿及其他工业部门的投资，不仅损害了中国的经济利益，也极大地损害了中国的各种主权。

早在 19 世纪 60 年代，由于列强的疯狂侵略和教会传教士的野蛮行径，全国各地已不同程度地发生过以农民为主体的反教会斗争。甲午后，山东、广西、四川、湖北等地发生的反教会斗争更是如火如荼。民族矛盾的激化，使得农民接受了"顺清灭洋"、"扶清灭洋"、"保清灭洋"等口号。因此，反教会斗争在一定程度上得到了统治阶层中保守派的支持和拥护。随着民族危机的进一步加剧，最终爆发为大规模的义和团运动。清王朝统治集团中掌权的顽固派，由于"废立"问题与列强发生矛盾，担心列强可能支持光绪为首的帝党，迫后党还政于光绪，不惜铤而走险，转而利用义和团，向西方列强宣战。列强先是压清政府围剿义和团，继而组成八国联军，直接出兵中国，攻占北京并大肆烧杀抢掠，造成了"京内尸积遍地，腐肉白骨纵横"，房舍遭"火烧数千万户"之多。就连联军统帅瓦德西也承认："所有中国此次所受毁损及抢劫之损失，其详数将永远不能查出，但为数必极重大无疑。"

甲午惨败、庚子之乱迭生，中国陷入了"亡国灭种"的威胁。社会各界人士纷纷要求变法维新，徐图自强。在要求变法的呼声中，以立宪派最为高亢。立宪派代表着日趋觉醒的资产阶级，他们的政治改革主张清晰成熟，有着相当完整和充实的改革计划，其核心是君主立宪。立宪派政治变革的理论来源主要是西方政治理论，而对于中国几千年来一直传承的传统封建经学理论采取摒弃的态度。随着社会形势的发展，立宪派的理论在发展过程中逐步形成了一套完整的近代政治学理论体系。特别是随着立宪派队伍的逐渐壮大，立宪派相继建立了许多近代政团组织，还通过集会、游行、请愿、书刊宣传等形式进行政治宣传和斗争。与前两次变法不同的是，在洋务运动与维新运动中，顽固派与洋务派、维新派一直在争论着要不要兴西学、要不要变法的问题；清末新政之时，争论更多是改革变法速度快慢和立宪早晚问题的分歧。因此，在当时的社会氛围下，变法图强已经成为了一种历史发展的需要，变法也好，立宪也好，这些词汇几乎成为了上自慈禧太后、王公大臣，下到士绅、商人、师生及一般民众一致的要求。

在义和团运动和八国联军的双重打击下，清王朝几乎陷于垮台的境地，加之社会各界要求变法图强的呼声日益高涨，开展一场变法图强运动已经成为一种必然。为了维护清政府的统治权益，缓解日益严重的民族危机和阶级矛盾，慈禧在挟光绪逃亡西安期间就发布了"罪己诏"和"改革"谕旨，要求官员们"各就现在情弊，参酌中西政治，举凡朝章国故，吏治民主，学校科举，军政财政"等情，考虑"当因当革，当省当并"，限期奏报。

1901 年 1 月 29 日，清政府开始诏令变法，掀起了晚清历史上的第三次新政，史称"清末新政"。

二、清末新政轰轰烈烈却不得善终

1901 年 4 月，清政府正式设立中央规划新政的专门机构——督办政务处，任命奕劻、李鸿章、荣禄等 人为督办政务大臣，刘坤一、张之洞为参预。督办处成立后，清政府立即围绕变法事宜逐步推出一些涉及政治、经济、文化、法律等几个方面内容的新政举措，一场轰轰烈烈的变法运动随之全面展开。概括说来，晚清新政主要包括以下几个方面的内容。

1. 改革官制

1901 年 4 月，清政府设立了督办政务处，正式拉开了晚清政府行政制度改革的帷幕。官制改革的前期内容主要包括整饬吏治，裁汰、合并中央和地方的若干旧有机构，创立若干新的机构。1901 年 7 月，清政府正式撤销总理各国事务衙门，改设外务部。其后陆续裁撤了河东道总督、湖北、云南、广东巡抚及江宁织造衙门等冗官和重叠机构。同时又相继增设商部、练兵处、巡逻部和学部等新机构。当然，这种裁掉几个旧衙门、增添几个新衙门的"官制改革"，丝毫没有触动封建专制统治下的政治体制，也没能从根本上清除清政府社会腐败无能的弊端。因此，这种"整顿吏治"的改革终流于一纸空文。为了解决近代以来官僚体制中机构臃肿、办事效率低下等弊端，1906 年，清政府正式宣布"筹备立宪"，政治体制改革被纳入到宪政改革的轨道。宪政改革的推行，不仅标志着清政府官制改革进入到后半期，也标志着晚清官制改革进入到关键期。1906 年 2 月 2 日，清政府成立了编纂官制的专门机构——"编制馆"。1907 年 9 月 20 日，清政府下令设立资政院。11 月 11 日，又令各省筹设议局，府、州、县筹设议事会。1909 年 10 月，全国各省除新疆外先后完成各项选举事宜，各地的谘议局也相继成立。1911 年 5 月，清政府宣布"采取各国君主立宪之制"，设立责任内阁，并将旧设内阁、军机处等机构一并废除，设立了外交部、民政部、度支部、学部、陆军部、海军部、司法部、农工商部、邮传部、理藩部。为了防止大权下移，内阁成员基本上是由皇帝"特旨简放"的国务大臣组成，这种"皇族内阁"并没有达到立宪派的立宪要求，当然也不可能达到救国图强的目的，清王朝也在辛亥革命的反抗浪潮中最终土崩瓦解。

2. 改革兵制

晚清新军的编练开始于 1895 年。甲午一役，清军在战场上几乎是毫无抵抗能力地一路溃败。对于战败的原因，当时一些社会有识之士认识到军队"取用西法"的重要性。于是，清政府开始有计划地展开淘汰旧军和编练新军的措施。1901 年，清廷下谕停止武科科举考试，决定裁汰 20%~30% 的绿营和防勇，建立按西方国家的营制、采用洋操训练、使用洋枪洋炮的"常备军"。清政府对于新军编练工作极为重视：对于士兵的选择标准在年龄、体质和文化程度等方面都有着严格的要求；教习一般都是聘请德国人担任；教官也一般聘请军事学堂毕业并有一定新式军事

知识的毕业生担任。为了更好地规范和编练新军事宜，1904 年练兵处颁布了《新军营制饷章》、《陆军学堂办法》以及选派陆军学生出洋游学章程，对新军的建制、饷银、留学等方面做了详细规定。为了培养新式军官，清政府下令在全国重要城市设立军事学堂：陆军小学堂、陆军中学堂、陆军兵官学堂、陆军大学堂。此外，清政府还派出大量的留学生分赴英、法、德、奥、日等国留学，其中，尤以日本为多，仅 1902—1908 年就有千余人赴日深造。

3. 改革学制

1901 年，清政府通令各省书院一律改为大学堂，各府州县学改为中、小学堂，并多设蒙养学堂。1903 年，清政府颁布一系列学堂章程，确立了小学、中学、大学三级，修业年限达 21 年的癸卯学制。其中，更为重要的一项是《学制》将"女子教育"一项纳入其中，这在教育史上的意义极为深远。1905 年 9 月，政府颁令所有乡会试一律停止。

1905 年 12 月，清政府正式成立中央兴学机构——学部，专门负责全国学堂事务的机构。至此，延续一千多年的科举制度终于被废除，为新式教育的发展扫清了道路。据统计，1909 年全国各地兴建学堂总数为 52346 所，学生达 156027 万人。此外，清政府还派遣大批青年与官员留学欧美和日本。早在 1896 年，清政府就派出 13 名学生赴日留学。1898 年，清政府将各省督抚派遣青年学生留学日本的措施定为一项国策。1901 年以后，清政府继续通令各省选派学生出国留学，对于学成归国的留学生分别赐予秀才、举人、贡生等出身。1906 年，清政府制定并颁布了《管理游学日本章程》，规定了一系列针对留学生的管理办法。自从有留学活动伊始，中国留学生人数也几乎以一种直线的速度迅速增长。

4. 改革经济

清政府的经济新政主要包括建立工商业专门管理机构、成立商会和颁布商法鼓励兴商等措施。1903 年 8 月，成立中国近代第一个为推动经济发展而制定的专门机构——商部。商部主要由保惠司、平均司、通艺司和会计司四部分组成，负责商部局所、学堂、招商、税务等兴商事宜。1906 年，商部扩展为农工商部。商部成立后，还围绕着建立联络官商的重要机构——商会事宜展开工作。不久，商部相继奏定了《商部章程》、《简明商会章程》、《劝办商会简明章程》等章程，作为各地创办商会的组织准则。1903 年，清廷谕令在各省城设立商会，各州县设立分会。

随后，各地商会分会的相继设立，基本上形成了一套兴商办商的机构。为了更好地发展经济，清政府还相继颁布了一系列奖励章程和法律。1903 年，清政府颁布第一部商法《公司律》。《公司律》的基本精神是：承认商办企业与官办企业处于同等的地位，鼓励民间自由经商，禁止以官压商现象的出现。这就从法律上确定了工商业者的地位。其后，《奖励公司章程》、《商标注册章程》、《奖励商勋章程》、《奖励华商公司章程》、《华商办理实业爵赏章程》等一系列的章程相继颁布，对于推动近代经济的发展具有十分重

要的作用。

此外，清政府还发布了禁缠足、禁鸦片、废酷刑以及允许满汉通婚等命令，在社会风俗变革方面起到了重要的作用。总之，为了维护自己的统治，清政府围绕着政治、经济、教育、社会习俗等方面进行了广泛的变革。然而，清政府的"新政"措施的虚假性和负面性并没有能够把自己从危机中拯救出来，反而进一步激发了社会矛盾。最终，一场以保路运动为导火索的武昌起义引发了社会矛盾的总爆发，最后导致了清朝的崩溃，"新政"也以失败而告别历史的舞台。

三、清末新政的成与败

清末新政是在政治、经济、军事、文化、社会风俗等领域展开的一场广泛的社会变革，其变革的深度和广度远远超过了洋务运动和维新运动。官制革新方面进行了初步的宪政运动，在客观上推动了国家体制的近代化；教育革新方面废除科举制度，确立了近代第一个学制，从而奠定了中国教育近代化的基础；军事方面运用西法进行新式军队的编练，初步确立了近代军队建制和训练，进而推动了中国军事的近代化；经济革新方面创办专门机构，制定兴商章程鼓励兴商，从而掀起了一场兴办实业的高潮。此外，这次变革所引发的社会结构的分化程度、社会动员和各界参与的广泛性、社会流动的多样性及社会思潮的多元化程度都是以前的变革无法比拟的。

　　总之，这些因素都对推动中国社会的近代化具有极其深远的影响。晚清新政作为一种广泛而深刻的全方位的改革，虽然它随着清王朝的灭亡而退出历史舞台，但新政的失败并不能简单地归因于晚清政府的灭亡。实际上清末新政失败有着十分复杂的原因。具体而言，这些原因主要有以下几个方面：

1. "新瓶装旧酒"——新政举措中的种种弊端

　　随着晚清时期前两次自上而下的改革，历史发展的要求已绝不会停留在 19 世纪 60 年代洋务运动水平上，也不可能重新回到戊戌变法的老路。清末新政种种举措，应该说是符合时代发展要求的改革，这次新政比起前两次的变革更具有广度和深度性。然而，清末新政指导思想不可能脱离"中体西用"的主思想，还是遵循"不易者三纲五常"、"可变者令甲令乙"的宗旨。从改革主导者和参与者群体来看，新政是晚清最高统治者慈禧太后发起，一些中央和地方大员如奕劻、载泽、袁世凯、端方等人直接参与的变革运动。在这些变革群中只有少数外国留学生或接受过西方文化的立宪派人士参与，其他大部分都是有王朝自救意识而无推行新政诚意和能力的守旧之士。从新政推行的具体举措看，涉及教育制度、军事制度、经济体制、财政制度、法律制度等多方面的改革甚至连封建专制制度也提出了"立宪"、"民权"等改革的口号。可见，统治者有一种痛定思痛，大刀阔斧地大干一场的勇气和决心。然而，由于下面官员的素质低下，经常会出现敷衍对付的行径。即便能有几个官员意欲绝力躬行，那也是掣肘颇多，困难重重。

如政治变革方面仅仅是删掉几个旧衙门、合并一些重复的衙门、增添几个新衙门而已，对于重要的宪政改革并没有取得太大的效果。教育方面虽然废除科举制度确立了近代以来的新学制，但大多数的学堂都是由书院、私塾等官学机构改建而成，新建的新式学堂只有少数。即使是改建的那些学堂也多是遵章上课，很多学生还在摇头高唱"之乎者也"的老调，并没有完全脱离旧式教育的阴霾；一些地方官吏更是巧借"新政"的名目大肆搜刮掠夺，造成了社会上怨声载道局面。在这种情况下，清末新政又怎么会取得好的社会效应呢？

2. "风声鹤唳"的危局葬送了清末新政

晚清新政也是自上而下的在全国推行的改革，改革涉及了社会的各个层面——政治、经济、国防、文化教育、法制建设、社会公益事业等社会的广泛领域。显然，清末新政要比戊戌变法的层面更广泛也更有力度。可是，当时中国正处于一种内外交困的危机之中：外有"亡国灭种"的危机，内有革命势力对政权的威胁。《辛丑条约》订立后，列强采取了更为狠毒的经济侵略手段对中国进行资本输出活动。清政府为了偿还高额的战争赔款和外债利息，采取各种措施对人民进行巧取豪夺。由于晚清时期中央财权的下移导致财政的匮乏，当时的清政府已是捉襟见肘，因连连战败背负着巨额赔款，相当困难的财政必然会制约新政政策的推行。

一些地方官员又贪污成风，他们毫不顾及中央政府，大肆搜刮以扩大和加强自己的地位与力量。在这种内外双重压榨下，再加上接连不断的天灾人祸，各地群众在忍无可忍的情况下纷纷揭竿而起。一时间，不仅全国各地的农民起义运动不断，全国各地的革命派的反抗斗争也是时有频发。同时，由于地方官僚的百般抵制和新政的虚假性也丧失了立宪派的支持，这些矛盾交织在一起进一步激化了民族矛盾和阶级矛盾，使得清政府失去了对时局的控制，最终在由四川保路运动引发的全国反抗浪潮之中分崩离析，新政的种种举措也就由此戛然而止。清末新政虽然在兴学、发展民族经济、变革社会习俗等方面取得了一些成效，然而，由于这场变革缺乏总体目标和实施规划，在推行过程中许多措施被扭曲、变形、走样，或者成为地方官员捞取政绩、搜刮钱财的一个借口，因此，这场变革并没有达到预期的效果。再加上当时动乱的社会环境和早已破碎不堪的清政府虚弱的统治，新政最终淹没在各地群众怀疑、谩骂和唾弃的浪潮之中。

第五章

分崩离析，
大厦终倾

第一节 高层内斗

晚清最高统治阶层争斗不停，最终削弱了自己的统治基础，从而给野心家们乱国乱政提供了机会，引发了统治危机。从道光到宣统，在清王朝中央政权内部，相继出现过诸多利益集团或派系之间势不两立的权力角逐，这是导致清朝灭亡的重要内在原因。

一、林穆权争

在禁烟问题上，表面上有弛禁派与严禁派之争，实质上是高层各派的权力之争与平衡问题。鸦片战争发生后，清廷又出现了以林则徐为代表的主战派和以穆彰阿为代表的议和派。穆彰阿长期当国，专擅大权，对上奉承迎合，固宠权位；对下结党营私，排斥异己。自嘉庆以来，他利用各种考试机会，招收门徒，拉帮结派，门生故吏遍于天下，形成一个极大的政治集团，一时号曰"穆党"。林则徐日见重用，引起了穆彰阿的嫉妒和担心，他就联合琦善等人想方设法压制林则徐。当英军北上天津，道光皇帝惊慌失措时，他们便利用各种手段对皇帝施加影响，最终使道光做出妥协，将林则徐革职充军，而与英国议和。表面上，斗争双方好像是因为他们为国家利益考虑不同而引发的政治分歧，实质上则是权益争斗。统治集团内部的斗争，是导致鸦片战争失败的一个重要原因。

二、肃恭党争

进入咸丰朝，在统治集团高层内部，又出现了肃恭党争。肃党以咸丰帝的宠臣肃顺为领袖。肃顺才干卓著，敢于任事，遂得到咸丰帝的赏识、信任和器重，权倾一时。肃党面对西方列强的侵略、国内政治的腐败、旗人进取心的丧失、社会下层的动荡，主张清明政治，取消旗人特权以重振锐气，重用汉人，反对外国侵略。其缺点是排斥近代文明，全面排外。恭党以恭亲王奕訢为领袖，是第二次鸦片战争时期在办理外交事务中形成的一个权力集团。这一派对西方文明持欢迎态度，主张对外妥协，与列强进行合作。肃恭两党的政治观点是尖锐对立的，其争斗的实质是权力之争。两党的争斗，与咸丰帝对权力的操纵有着极大的关系。奕訢是咸丰帝奕詝的弟弟，是与奕詝争夺皇位的失败者。奕詝继位后，对奕訢极不信任。对于皇位竞争的失败，奕訢自然很不甘心，对于奕詝的不信任，他也耿耿于怀。1861 年，咸丰帝奕詝驾崩前任命肃顺等八人为赞襄政务大臣，辅佐幼帝，却把在北京主持和议的奕訢排斥在顾命大臣之外，引起奕訢极大的不满。于是，他与慈禧联手发动了著名的辛酉政变，处死肃顺等人，肃党退出了历史舞台。

三、叔嫂斗法

热河回銮后，慈禧与奕訢都不失诺言，慈禧垂帘听政，奕訢受封议政王掌握军机处。然而两宫皇太后颁发上谕，各省及各路军营折报，都必须先呈两宫皇太后阅览，再发给奕訢等军机大臣阅览，最后由两宫皇太后阅定钦印后方能颁发。这无疑是对外宣布，奕訢对任何政事都没有最终决定权。但奕訢依然我行我素，气势熏天。同治四年（1865年），慈禧罢免了奕訢议政王的头衔，使其名位和权力都大为削弱，从此，奕訢不能同慈禧再处于"准平等"的地位，亲王辅政与太后亲政的制约机制一去不复返。光绪十年（1884年），慈禧将奕訢开去一切差使，并撤去恩加双俸，居家养疾。慈禧将军机处、部院大臣、总理衙门、八旗都统作了重大调整，史称"甲申易枢"，这是慈禧同奕訢二十多年明争暗斗的一次决战，结果是奕訢彻底失败，从此整整赋闲十年。

四、帝后党争

光绪帝亲政后，在他周围逐渐形成了反对慈禧干政的帝党，最主要成员有文廷式、志锐、汪鸣鉴、长麟、张睿等，核心人物为帝师翁同龢。以慈禧为核心的后党的核心人物主要有荣禄、奕劻、刚毅、世铎、李鸿章等，实权在握，势力强大。甲午战争中，慈禧太后主和，根据是李鸿章对中日双方实力的估计，目的是担心战败、受辱、丧师、割地、赔款；光绪帝主战，根据是一帮士大夫的正义感，目的是博取舆论的支持，干出一番事业，借此达到真正亲政的目的。战争节节失利，光绪帝给李鸿章以"拔去三眼花翎，褫去黄马褂"的惩罚，起用已赋闲十年的奕䜣，希望借此剥夺后党奕劻和李鸿章所把持的军事、外交大权，又任命翁同龢和亲近帝党的李鸿藻为军机大臣。面对咄咄攻势，慈禧清洗了帝党的大部分主要成员。不甘服输的光绪帝任命湘军统帅刘坤一为钦差大臣，督办东征军务。刘坤一率湘军80余营，进驻山海关一带。这是开战以来最大的一次出兵，也是主战派的最后一试。结果，湘军一触即败，溃不成军。这是帝后两党第一次大的较量。主战派虽然失败了，但是打击了后党，又在一定程度上加强了帝党的实力。更重要的是，通过这次较量，光绪帝在斗争中得到了锻炼，增强了与后党斗争的信心，特别是改变了自己傀儡无能的形象，这对于吸引更多的官员站在帝党一边起了重大作用。因此，这场较量双方并未分出胜负。

此后，两党斗争更加激烈，开始了第二次较量。光绪帝进一步试图夺权，慈禧太后予以回击：第一，加强了对光绪帝与帝党重要成员的监视；第二，撤销上书房，将翁同龢赶出毓庆宫，限制其与光绪帝的过多接触；第三，罢免帝党重要成员。这次较量，帝党失败了，但还未完全瓦解，矛盾和斗争还在继续。

1898 年，光绪帝在康有为的鼓动和支持下，开始维新变法，并借机夺取实权。慈禧太后不动声色地采取了一系列应对措施：第一，将翁同龢革职；第二，任命荣禄为直隶总督兼北洋大臣，控制京城及附近的军权；第三，下令凡任命二品以上的大臣必须得到太后的认可；第四，策划废帝方案。慈禧发动戊戌政变，囚禁光绪帝。帝党至此彻底瓦解，慈禧太后最终牢牢地掌握最高统治权直到去世。

五、丙午恶斗

光绪三十二年（1906 年），上谕决定编纂官制，庆亲王奕劻是"总司核定"的三人之一，袁世凯、徐世昌亦被列为编制大臣，其中袁世凯是唯一的地方督抚，他已成为朝野上下举足轻重的人物，一旦光绪帝东山再起，袁世凯势必岌岌可危。要保护自己，只有削弱光绪帝的权力，这就要削弱君权；而削弱君权，又正是他成立责任内阁的目的。这个内阁，既脱离了内阁制度的监督，又侵夺了皇帝的大权，实际上是袁世凯力图达到暗移神器，揽权归己，最终达到取清廷而代之的目的和手段。袁世凯是这个官制草案的实际制订者。满洲贵族铁良因力主中央集权，伸满抑汉，担心汉族官僚袁世凯的势力凌驾于满洲贵族之上，遂与军机大臣瞿鸿禨联手反对袁世凯等人。他们采取了以下几个步骤：第一步，授意言官，交章弹劾；第二步，挑唆内监，向慈禧太后请愿；第三步，亲自出马，在慈禧面前诋毁袁世凯及新官制；第四步，将袁世凯的得力助手端方调出北京，分化袁党势力。这场斗争的结果否定了袁世凯的责任内阁方案而采取了瞿鸿禨的保留军机处的方案。

六、丁未政潮

袁世凯与瞿鸿禨已势不两立，双方斗争进一步白热化。袁世凯联合两江总督端方，瞿鸿禨拉拢两广总督岑春煊。这场斗争由岑、瞿等人掀起。他们联络海内外立宪派人士，密谋策划，企图借立宪之机扳倒庆亲王奕劻和袁世凯。而庆、袁则利用慈禧太后仇视维新党人的心理，称岑、瞿发动政潮的目的是勾结维新人士，归政光绪，促使慈禧太后最终罢免了岑、瞿。但政潮之后，慈禧太后对北洋势力亦加深了疑虑，对朝局大幅度调整，开始放弃清朝长期推行的满汉平衡政策，大力扶植满洲亲贵。

七、袁铁之争

铁良被袁世凯屡荐而至高位，但始终被袁视为附庸、不予实权，对此很不甘心，加之深于种族之见，遂思夺袁之权。铁良掌户部后，使北洋财政竭蹶，窘迫无状。铁良掌陆军部后，立即着手削夺袁世凯的兵权：第一，收各省军队归陆军部管辖；第二，收回高级军官的任免权；第三，收北洋学堂归陆军部管辖；第四，收回筹饷之权。但是，袁世凯仍能暗中掌握并控制北洋新军。这是因为：首先，被铁良倚重的满洲将领凤山，对铁良并不忠心，和满洲亲贵青年也合不拢，相反却与袁世凯关系密切。北洋六镇乃袁世凯一手编练而成，陆军部根本指挥不动。其次，慈禧太后虽罢免了袁世凯的兵权，但并没有将他置于死地的打算，仍重用和维护他。

八、载沣驱袁

1908 年，光绪、慈禧相继去世，清朝进入了溥仪临朝、载沣摄政的宣统朝。这时期统治集团内部最主要的矛盾，是以载沣为首的皇族亲贵与袁世凯集团的矛盾。溥仪登基后一个月，载沣即罢黜了袁世凯。

九、皇族内讧

载沣监国摄政后，皇族亲贵内部的权力争斗更加激烈，甚至达到了白热化的程度。慈禧当政时，皇族亲贵中纵有门户派系也不敢张扬。慈禧一死，载沣既没有慈禧的威望，更没有慈禧的手段，皇族亲贵很快四分五裂，互相倾轧。这就削弱了满洲皇族的力量，加速了清朝的灭亡。

第二节　满汉之争

　　清王朝是满族统治者所建立的中国历史上最后一个统一的封建王朝。作为少数民族入主中原，清王朝统治者从狭隘的民族主义出发，以征服者自居，实行了一系列损害汉族及其他各族人民利益的政策，以压迫、奴役汉族人来满足满洲贵族的私欲。在整个清朝统治期间，满清贵族总是极力维护自己的特权地位，防止汉族官员的侵犯。当时宫内立有"御碑"，专谕满族大臣。碑文略谓：本朝君临汉土，汉人虽悉为臣仆，然究非同族，今虽用汉人为大臣，然不过用以羁縻之而已。我子孙须时时省记此意，不可轻授汉人以大权。这些做法当然会激起民族矛盾的加深，为了保持统治的稳定，满族统治者拉拢汉族的中坚力量——封建地主，保持和汉族地主的联盟，以缓和满汉矛盾，维系满清贵族对全国的统治，但在统治权力的分配上带有明显的歧视色彩。随着政权的稳固，人民安居乐业，满蒙汉的界限不再分明。但是满汉之争的情结并没有消亡，排满仍然深埋在汉人心中，汉人在等待一个恰当的时机。

鸦片战争以后，中国开始沦为半殖民地半封建社会，社会发生激烈的变化，各种矛盾凸现，社会各阶层对满清无能的统治感到失望，痛斥清政府的民族压迫。1851年，洪秀全以"反满"为口号，发动了中国近代史上规模最大的农民起义，并建立了与满清政府相对立的汉族政权。以排满为口号的太平天国运动迫使满族统治者认识到"防汉"的必要性和重要性，但是太平军的北伐和西征几乎荡尽了满族统治者的八旗和绿营，严重威胁到满清的统治。而湘军的成功迫使满族统治者不得不接受军权的丧失。他们认识到欲灭太平军，保有满清江山，非重用汉人不可，不得不放下"治天下之道在亲亲"的祖训，开始重用汉族官僚并依赖湘军。但满清贵族统治者并没有放弃满汉之防，咸丰帝严守祖训，不将地方大权交于汉族官僚。

辛酉政变后，满清统治者鉴于国内国外危局，奕訢和那拉氏力排众议重用汉族地方实力派官僚，曾国藩、左宗棠、李鸿章、张之洞、沈葆桢、刘长佑、严树森等相继被授予地方督抚大权。从此满人一统天下的传统政局被打破，汉族官僚集团势力崛起。随着战局的发展，以曾国藩为首的汉族官僚势力激剧地发展和膨胀，引起了满清权贵的猜忌。满清贵族统治者害怕曾国藩集团形成尾大不掉之局，于是暗中培养反对势力，大力提拔左宗棠、李鸿章、沈葆桢等湘军头目意图离间湘军集团，削弱曾国藩集团。在满清贵族统治者猜忌和打压日重，而汉族官僚集团力量新

起未久之际，汉族官僚集团唯有瞒天过海以图保存实力，于是顺应满族统治者意愿的湘军集团的内讧就顺理成章地发生了。曾国藩、左宗棠、李鸿章、沈葆桢等湘军头目明白，只有他们彼此的不合才能使满族贵族统治者放松对他们的戒心；只有他们互相的攻讦才能使汉族官僚集团的力量得以保全。虽然在太平天国被镇压以后，汉族官僚集团的力量有一定的削弱，但是却保住了湘军、淮军，保住了汉族官僚集团的中坚力量，从此军权和地方实权由满族皇室贵族手中转移到汉族督抚手中，渐渐地形成内轻外重的局面。因此湘军集团的崛起促进了汉族官僚集团的迅速崛起，在满汉矛盾的历程中具有重大的里程碑意义，是近代满汉之争的新起点。

湘军的成功使大批的汉族官僚攫取了地方督抚大权。面临中国"数千年来未有之变局"，曾国藩、李鸿章等看到中国在武器装备和科学技术方面与西方的巨大差距，他们继承"经世派"的"师夷长技"的思想，认为"目前之患在内寇，长久之患在西人"，因此"似当委屈周旋，但求外敦和好，内要自强"，"以中国之伦常名教为原本，辅以诸国富强之术"。于是发动一场"师夷长技以自强"，"师夷长技以自富"的洋务运动。而汉族地方官僚集团如早期的曾国藩、李鸿章、左宗棠到后期的张之洞、刘坤一等都成为 19 世纪 60—90 年代洋务运动地方实力派代表人物，他们一方面希冀洋务运动挽中华之危局，自强于世界列国；中；另一方面他们也借办洋务之机，发展壮大地方权力，削弱中央集权，限制满族统治者对地方汉族官僚的绝对任免权。满清统治者也认识到汉族势力日益强大的现实，于是派满清中懂洋务的崇厚来分取洋务运动的成果，削弱汉族官僚集团的实力，并且在重用汉族洋务官员的同时又多方掣肘，使洋务运动收效甚微。最终，洋务运动因为满清贵族鉴于满汉之防的祖训对洋务运动的阻碍和限制归于失败。同时由于满清皇贵挪用海军军费导致海军战斗力下降，部署大军于京畿的防汉战术和前方满清将领的无能退败，置北洋舰队于敌人的大炮之下，导致北洋舰队的覆灭。甲午战败、北洋舰队的覆灭、洋务运动的破产使汉族官僚集团实力大大削弱。

甲午战败后帝国主义掀起了瓜分中国的狂潮，德国租胶州湾、俄国租旅大、英国租威海卫、日本占台湾。面对如此变局，满清政府毫无作为还不断地举借政治性贷款，丧失路权、矿权，满清政府已经成为帝国主义在中国的统治机构。面对满清政府的不作为，汉族官僚、汉族知识分子和民族资产阶级对满清贵族的统治强烈不满。于是以康有为为代表的资产阶级改良派在汉族官僚集团和汉族知识分子的支持下要求变法以挽救民族危亡。他们发起了戊戌维新运动，要求建立君主立宪制政体以图自强，挽救民族、国家于危难之中。维新派这种带有民主色彩的政治改良，在一定程度上表达了实现满汉平等的隐涩要求。戊戌变法在一定程度上损害了满清贵族的政治利益，于是他们发起了强烈的反扑，先以借款外交活动失误开缺维新派支持者、汉族军机大臣翁同龢，

再指责改良派保中国不保大清。满洲贵族统治者以狭隘的民族观代替国家观，挑起满汉冲突，导致变法失败。

洋务运动和戊戌变法从一定程度上说是满汉双方的间接交锋，洋务运动和戊戌变法的失败使汉族官僚和资产阶级改良派更加地痛恨满洲贵族统治者。洋务运动和戊戌变法的失败，一方面使汉族官僚集团要求满汉平等的想法更加强烈和表面化；另一方面也使资产阶级改良派发生了分化，资产阶级革命派不断地壮大。满汉矛盾出现了新的发展趋势——革命排满。

随着满族官僚集团力量的壮大，满清朝廷的日益腐朽，满汉冲突日益表面化。义和团运动导致庚子之变，八国联军侵华。张之洞、刘坤一等汉族地方大员从保境安民出发，违背满清政府"宣战"、"招抚"政策，在两广总督李鸿章、山东巡抚袁世凯等的支持和盛宣怀的联络下私自与西方列强缔结互保条约。从外交和地方行政权上架空满清政府，慈禧面对如此事实虽然很恼火，但在强大的汉族官僚集团面前她不得不让步，肯定互保条约。自此以后慈禧就更加重视满汉之防，虽然她在表面上标榜并无满汉畛域，实际上却企图在无声中削弱地方汉族督抚的权力，加强中央集权。东南互保使满汉冲突表面化。

1907 年出现的丁未政潮则是满汉统治阶层冲突的白热化，丁未政潮由岑春煊入京参劾满族皇室奕劻开始，以瞿鸿機的开缺而结束。满清政府保住了奕劻，维护了满清贵族对中央权力的控制。但政潮后，慈禧却加深了对袁世凯北洋集团的疑虑，并于 1907

年 9 月将张之洞、袁世凯等汉族地方实力派人物入调军机处，表面上是以中枢机要大权畀与汉员，实际上是要先拔去督抚中的两大柱石，然后渐次削弱各督抚的实权。

丁未政潮后，随着中央和地方政局的变化，张之洞等汉族官僚和立宪派提出"速行立宪"，消除革命党口舌，获得立宪派支持。面对如此高的排满和要求满汉平等的呼声，满清统治者不愿轻易放弃满族贵族对权力核心的垄断。客观上讲预备立宪对实现满汉一体，化解满汉矛盾，开放中央政权，力避满清统治者将政策向满人倾斜，以消除民族隔阂，保持社会稳定是具有积极的指导作用的。但是载沣上台后却极力地限制和打击汉族官僚集团，让皇族亲信掌握陆海军军权，并自任大元帅，认为只要掌握了军权就能对汉族势力的反满革命有恃无恐。在官制改革中更是推出了满族占九人，汉族占四人，而皇族占五人的皇族内阁。这一系列集权于满族贵族的措施招致汉族官员的极大不满。清政府非理性的皇族集权，使立宪派认识到清廷的拖延和无诚意，请愿运动日趋高涨，各地掌握实权的汉族督抚也纷纷响应立宪运动。清末新政的失败使立宪派由不满而失望，由失望而怨恨，由怨恨而转向革命。清末新政——皇族内阁的出笼，是满汉官僚集团冲突的顶点，也是终点。清末预备立宪失败后，革命派的"革命排满"思想被更多的立宪派如汤寿潜、汤化龙等接受。1911 年，武昌起义爆发，并建立武汉革命军政府。各地的汉族督抚积极响应宣布脱离满清中央政府，清廷的统治也随之土崩瓦解。

　　满族统治者虽然入主中原 200 多年，接受中原文化 200 余年，但是却没有形成一个大民族观、大中国观，他们始终将汉族视为自己的奴隶，将汉族视作低劣的民族。以满民族观代替国家观，将本民族的利益抬升到整个国家和中华民族的利益之上。这必然导致其他民族的强烈不满和反对，也是近代以来几次近代化运动和政治改良运动失败的一个根本原因，最终导致了清朝的灭亡。

第三节　八旗生计艰难

八旗军费是清代中期国库开支的沉重负担之一。同时，"八旗生计"也是又一个严重的社会问题。

清入主中原之后，特别是大规模的战争结束后，八旗制度如何适应新情况，是摆在清朝统治集团面前的一个重大问题。事实上八旗制一直是入关前的基本政策，八旗作为军事组织，其兵由国家养着，并以养兵的方式来"恩养"旗人，其结果是使旗人陷入窘迫之中。清初，为解决旗人的生计问题，推行圈地政策，在京畿地区，强行圈占民人的土地、房屋，旗兵每人约分得圈占土地30亩和相应住房；派往一些主要城市的驻防八旗，也相应分有住房和土地。八旗粮饷，基本上是旗官按九品文官级别领取薪俸，旗兵按五等级别领取粮饷。没有当旗兵的称为余丁（亦称闲散），不发给粮饷，靠自家当兵者所获房、地和粮饷生活。

到康熙二十五年（1686年），满族前锋、护军、领催每人每月给饷银4两，每岁饷米46斛（1斛为5斗）；甲兵（或称骁骑）

每人每月给饷银 3 两，每岁饷米 46 斛；步兵领催每人每月给饷银 2 两，每岁饷米 22 斛；步兵每人每月给饷银 1 两 5 钱，每岁饷米 21 斛。此后，八旗兵饷的数额基本没有太大的变化。有马的旗兵还有一定数量的马乾银。清初，八旗兵的收入确实是可观的，据雍正三年（1725 年）十月世宗的上谕提到："计其所得，已多于七八品官之俸禄。"再加上 30 亩地的收入，而出征时又发给一定数量的行粮，这样，维持一个家庭一年的生活还是比较富裕的。这种稳定可靠而又优厚的待遇被时人羡慕，称其为"铁杆庄稼老米树"。

然而，到乾隆嘉庆之际，八旗兵及其家人遭遇到越来越严重的生存危机，即所谓"八旗生计"问题。其实这一问题，早在康熙中期即已初露端倪。生计危机多发生在八旗下层的兵丁及其家属，负债者很多，八旗兵中有一大部分由于债台高筑而陷于极度贫困，他们军饷的大部分都付了债款的利息，甚至发生千余名贫困的八旗兵群聚紫禁城神武门前，脱帽请求朝廷救济，其中有 8 人强行闯入御花园，险些闹成乱子。乾隆中期以后，情况更为严重。一些旗人无地无房，衣衫褴褛。受清朝统治者优待并倚为干城臂膀的旗人，其生计已成了清朝的沉重负担和大伤"体面"的赘疣。

八旗生计问题发生的原因并不复杂。在清初，八旗兵频于征战，粮草、马匹、军器自备，如其不足，往往将土地出典。康熙中期以后，旗人出典旗地事是因浪费奢侈，负债无法偿还，于是典出土地。而土地一经典出，赎还无望，其生计的根本保障便已丧失。旗地典给民人，一般说来，与八旗兵经常参战，无力照料土地关系不大，到清代中期，天下太平，基本无战事，绝大多数旗兵已没有多少参战的机会。

八旗人口数量的增加，确是八旗生计问题发生的重要原因之一。与清代中期社会人口的膨胀相一致，八旗人口也成倍增长。人口增长，但八旗兵饷政策却并不因人口增加而变化。八旗总兵额基本不变，这样，不仅增加的无法披甲的余丁日益增多，一兵之饷所养的人口也在增加，其结果自然是八旗兵及其家人生活水平普遍下降，甚至无法自给。

然而，八旗生计发生问题，其根本原因在于清朝对八旗的优待、恩养政策。自清朝伊始，旗人是清朝政权的坚强基础和核心力量，他们的生活全部由国家包养。为保持旗人骑射习武的传统，特规定旗人不准行"四民"之业，只以当兵打仗为终生职业。此种政策，不仅使披甲入行伍者无法顾及自家的土地，更无法习得生产技能。尤为严重的是，数量日益庞大的八旗闲散人口，也不准进行各种生产活动，既不准许其自谋生计，如从工、从农、从商等一律不许，又不准其与民人交往。所以造成旗人不会生产，也不懂生产，只有游手好闲，成了国家的"寄生虫"。正由于这种清廷的传统政策，使得旗人从来不从事农业生产或其他经济活动，到清代中期，随着旗人人口增加，贫而无法自救，又不能指望国家在根本上给予救助；从国家方面说，实行八旗"恩养"政

策本身已成为国家财政危机的重要因素之一。在传统政策不变的情况下，已不可能解决旗人的贫困。

八旗"恩养"政策的负面影响使许多八旗兵丁厌恶生产劳动，追求奢侈生活，纵欲浪费，不知撙节，加剧了生计问题的严重程度。无论清初的圈地、占房、食粮饷，还是以后屡次三番的补贴、资助，清廷确实给旗人相当优惠的"恩养"条件。然而，这种"保障"使得旗人不仅在倚赖中滋生出好逸恶劳的恶习，甚至嗜酒、赌博、斗鸡、养花、吃烟、泡戏院茶馆，肆意妄为，养尊处优，颓废不振，最后有相当多的旗人已成废人。

八旗生计问题到乾隆后期、嘉庆朝已成了统治者不愿谈及的难题。在嘉庆朝，国家因频繁用兵导致日益严重的财政危机，对八旗的救助能力十分有限，而八旗人口剧增，普遍坐食依赖国家财政，这一矛盾日益突出，旗人的贫困化更为严重，八旗生计问题成为社会不安定的一个重要因素。

第四节　逝去的尚武精神

从清军入主中原后，军事武装力量即八旗军队、绿营兵，在武力统一全国、平息叛乱以及反击外来侵略的斗争中，发挥了独特的重要作用。至乾隆嘉庆之际，军队中暴露出武备松弛，战斗力明显衰减的问题。从镇压湘黔苗民起义和川楚白莲教乱的军事行动中，可以看到：将骄兵怠，畏缩退避等特征，已失去了前期的锐气和勇于进取的精神，致使战事久拖不胜，因而耗费了巨额军费，又骚扰了民生，激生了新的事端。

造成军备松弛、八旗军队战斗力整体下降的原因，主要来自三个方面：一是八旗军队活动环境的改变，其生存方式也随之改变，同时也改变了军队的生活观念；二是承平日久，长期没有战事，物质生活改善，养尊处优，享乐思想滋长；三是军队大部分驻在全国各城镇，与社会生活融为一体，受到颓靡的社会风气的直接影响，禁不住金钱、美色的诱惑，官兵将吏的军风日渐变坏。

八旗军队的主体部分是满洲八旗。入关前，满族崇尚武功，

精于骑射，有着悠久的传统。从行围狩猎的生活方式中，练就骑射的技能，培养了英勇善战的战斗精神。

清廷入主中原以后，满洲八旗连同他们的家属进入经济发达、文化先进的中原地区，生活在亿万汉人中间，从此也就永远地改变了他们传统的生活方式，生存环境改善，物质生活也变得优裕起来。他们的观念和追求也随着条件的变化而发生改变。

如果说，上述原因是客观条件变化带来的必然结果，那么，清廷入关后对八旗兵丁实行优厚的待遇，即全部由国家"恩养"的政策，则是其主观原因。恰是这一政策人为地将八旗兵置于养尊处优、自我骄纵的地位。雍正、乾隆朝以后，战事较清初大为减少，文治天下，军队的作用相对减弱，八旗中普遍出现弃武习文的现象，八旗子弟逐渐不习骑射，自觉或不自觉地抵制习武。连主管八旗的大臣，也不过在军政考核或检阅时稍微演习，过后便置之不问。这种对传统观念的背弃与习性的变化，在上层王公贵族中十分严重。八旗文官一遇演习射箭，便纷纷退避躲闪，或借口有病、臂痛等。八旗举人会试骑射，多数报称"近视"，即使上场参加者，也不能正常骑射。到乾隆后期，满族八旗官兵已多不懂行围之法，射箭技艺也已生疏。到嘉庆朝，不仅一般八旗兵骑射能力很差，连精锐的前锋、护军等重要兵种也不堪检试。当时，考试八旗武举，射箭中试标准不得不改得容易一些，甚至前移布靶，取消骑射，只考步射。尽管这样，参加考试者仍因臂力不够，射不到目标，只好投机取巧，将箭抬高，以能射到位置交差了事；甚至胡乱放射，几致伤人。以上几例，已见嘉庆朝时武事几致废弃，满族尚武的精神几乎荡然无存。

八旗官兵的武备松弛，还与其追逐享乐密切相关。乾隆中期以后，尽管"八旗生计"问题严重，八旗官兵家人凡有一丝剩余，便鲜衣美食，竞相攀比。以前满洲旧风淳朴，但是嘉庆年间兵丁竟然争相攀比鲜华，多由绸缎做衣，以穿着不如他人为耻。为讲"面子"，满足虚荣和享乐，毫无节制，一般来说，饷银一发到手，就先去市场购买酒肉，醉生梦死，不留储蓄，试想，八旗官兵中都是这样一批人，如何能指望其为国效力，冲锋陷阵呢？

在八旗军队中，明显的腐败主要反映在将官勒索、苛剥兵饷、役使兵丁、贪污纳贿等方面。这在整个军队中，早已司空见惯。

八旗军队的素质退化，又久处和平环境，失去准备打仗的信念，军务废弛，丧失应有的战斗力。嘉庆年间，每发生一次农民起义，都很难迅速镇压，动辄年余，甚至数年、数十年，反映了八旗军队今非昔比的状况。

清朝军备废弛也与统治集团的军事思想有着密切的关系。从清初到嘉庆朝几代君主，都认为清军的基本使命，就是防止或镇压边疆的叛乱及内地的民乱，用以维护其统治，只要坚持八旗的骑射优势就不难做到。结果，在经历了百余年后，八旗的骑射优势逐渐消失，绿营兵同样不堪使用，不仅骑射长技已不复存在，就连最基本的兵器也是破烂不堪。每当一年一度军事操练时，不得不临时将兵器修理一下，以免有碍观瞻。

　　乾隆、嘉庆之际，西方军事已进入火（热）兵器的时代，而中国还在使用早已过时的刀、枪、剑、戟这类冷兵器。这种落后的状况，完全是因清朝统治者的极端愚昧和固守民族文化传统所致。清朝顽强地坚持其民族传统，盲目推崇骑射，把骑射及冷兵器当作是永远制敌的利器，不提倡也不引进火器技术，对火器的制造和在军队中的使用予以严格限制。原因很简单，一是怕火器代替骑射废了本民族的传统，二是更怕汉人掌握火器技术后，会使满族的骑射优势完全丧失，威胁到清朝的统治。其实，西方火器早在明末已传入中国，明朝统治者对火器并未给予重视，虽然已掌握铸造大炮、鸟枪的技术，但只在局部采用，并未在军队中广泛推行，更谈不上装备更新。因此，火器在中国没有取得应有的进展，清朝比明末时还有所倒退，对火器实行严格限制，甚至排斥。使用火器，只需掌握使用方法就可直接操作，而使用冷兵器如刀、枪、箭等，则需要付出更大的代价，凭气力，练技巧，才能真正应用这些武器。一旦军备松弛，操练不足，如骑射不熟练，就会丧失战斗力。嘉庆朝的军事正面临着这一危机，而且继续恶化。武器装备还停留在古代军事水平阶段，给中国未来的安危留下了致命的隐患。

第五节 造反

鸦片战争以后，中国沦为半殖民地半封建社会，社会发生激烈的变化，各种矛盾凸现，社会各阶层对满清无能的统治感到失望，各阶层纷纷起义反对满清政权的压迫，社会开始动荡不安。

一、太平天国运动

西方资本主义国家，主要是英国，在鸦片战争后对中国大量推销棉纺织品和其他工业品，破坏了通商口岸及其附近地区的手工业，剥夺了农民和手工业者的生计。同时，英国的鸦片走私 bn 越来越猖獗。道光二十九年（1849 年），鸦片输入超过了 5 万箱。鸦片泛滥所引起的白银外流、银贵钱贱等问题，比战前更为严重，使劳动人民的负担更加沉重。清廷为了支付战费和赔款，用重税掠夺农民，地主也乘机加剧了土地兼并。道光二十六年至三十年（1846—1850 年），黄河流域和长江流域各省都遭受严重的水、旱灾害，两广地区也是水、旱、蝗灾不断。天灾人祸，使广大人民陷入失业、破产、饥饿、死亡的困境。农民的反抗斗争不断在各地发生，在战后10年间，汉族、苗族、回族、瑶族、壮族、彝族、藏族等族人民的起义达100多起，广西、湖南等省的天地会起事声势尤盛。到道光三十年年底（1851年），人民的反抗斗争汇成一股强大的革命洪流，这就是洪秀全领导的太平天国农民起义。1851年，洪秀全以"反满"为口号，发动了中国近代史上规模最大的农民起义，并建立了与满清政府相对立的太平天国政权。

太平天国运动是中国历史上规模最大的一次农民反抗运动，是中国社会周期性危机的产物。与过去的农民反抗运动不同，太平天国更加针对中国社会危机的根源和数千年专制下农民的苦难，从理想到实践，都试图建立一系列崭新的结构，从而向清政府的政治权威与传统的政治秩序提出了挑战。

从形式上看，太平天国不像以往的农民领袖从传统的民间宗教中寻找造反的启示，而是从西方基督教中寻找反抗的思想武器。1837年，科举考试屡次失意的洪秀全回到家乡，无意中看到了一本宣扬基督的小册子——《劝世良言》。本来这并不是一本地道宣传基督教的小册子，但洪秀全深深地为书中所宣扬的基督上帝所吸引。不久，洪秀全一连几日神志昏迷，卧床不起，梦见一位满脸金须的老人送给他一把宝剑，令他去铲除世间一切妖魔与不平等。梦醒以后，洪秀全认为这是上帝的指引，从此皈依基督教，开始了他的造反活动。在随后的年代里，洪秀全到广西，以宣传基督教为名，成立拜上帝会，组织了一批拥有武装的反抗力量，最后于1851年发动金田起义，正式举起了造反的大旗。

金田起义后，太平天国将矛头指向腐败的清政府，公开向清政府的政治权威提出挑战；并以拜上帝会为中心，将天国的理想作为现世奋斗的目标，以政治上的平等与经济上的平均作为政治动员的口号。这不仅刺激了太平军将士，而且吸引了大批农民。当太平军挥师北上，沿途的农民纷纷响应，队伍不断壮大。1853年太平军攻克南京，并定都于此。随后，太平天国自己建立了一套中央与地方政权，颁布各项政令，并派兵北伐、西征，继续扩大战果。这样，太平天国雄踞东南半壁江山，与清政权形成了对峙局面。在太平天国的冲击下，清朝的政治力量，尤其是政府的军事力量受到了极大的削弱。除了依靠地方的政治与军事力量，清政府似乎难以同太平天国对抗。

太平天国不仅冲击了清政府的政治力量，同时又震撼了中国传统的秩序。早在金田起义前，洪秀全根据基督教的思想，撰写了《原道救世歌》、《原道醒世训》、《原道觉世训》。洪秀全自视为上帝在人世间的代表，将梦幻中所见"皇上帝"与"阎罗妖"的对立视为现实中他与一切旧秩序的对立。现在他要根据上帝的指示，打破包括清朝政治在内的一切旧秩序，建立一个全新的社会。他宣称，人与人之间相互欺诈、弱肉强食是没有根据的，因为世间所有的人都是上帝的子女，不论男女应当一律平等。洪秀全进一步指出，只有消灭一切自私自利才能消灭一切仇恨与矛盾，只有消灭一切仇恨与矛盾，才能真正建立一个"有无相恤，患难

相救"的太平天国。

正是在这种理想主义之上,太平天国制定了绝对平均主义的经济纲领——《天朝田亩制度》,规定天下一切土地归天父上帝公有,并由天下农民共同耕种,不论男女,土地一律按人口均分。所有这一切都是太平天国试图建立新秩序的努力,是对传统政治经济秩序的大胆否定。在上帝的名义下,洪秀全领导太平天国震撼了清朝的政治统治,对于传统的秩序也作了全面冲击。太平天国试图改天换地,建立一个"新人、新天、新地"的全新世界。

太平天国运动初期,洪秀全创立了一个具有宗教色彩的理想主义政治纲领,并依此对农民百姓进行了广泛的政治动员,使太平天国出现了兴盛的局面。但是定都天京以后,洪秀全却再也不能创立一个新的理论或信仰体系来吸引天国的士民们了。理想主义被盲目主义所代替,而这时的洪秀全迷恋上了皇权主义。他开始拾起过去他激烈反对的封建礼教,利用它重建传统秩序。在洪秀全的影响之下,太平天国领导人全面腐化,最终领导层之间因争权夺利而发生天京内讧。同时,太平天国在下层的政治动员也陷于失败。加上激进的理想主义纲领遇到了现实的挑战,《天朝田亩制度》的方案并不能很好地实践,太平天国在实践中下令农民"照旧缴粮纳税",承认乡村经济旧秩序,许许多多的农民开始对太平天国感到失望。另一方面,太平天国引起饱受儒学熏陶的地方士绅的痛恨,得不到士绅的合作,其政权实际上缺乏广泛的合法性基础。正因为如此,随着太平军在战场上的失败,太平天国的军事政权也就烟消云散了。

太平天国革命虽然失败了，但是，"血沃中原肥劲草，寒凝大地发春华"，它对近代中国政治变局产生了重大影响。太平天国坚持 14 年的艰苦斗争，沉重地打击了清朝的统治，促使其内部分化，削弱了实力。如，清朝所依赖的主要军事力量八旗军、绿营兵在同太平军的战斗中被打垮，汉族官僚集团代表人物曾国藩、左宗棠、李鸿章等，通过镇压太平天国而登上政治舞台。清朝不得不依赖汉族官僚维持其统治，这就改变了清朝"首崇满洲"的传统国策，把部分权力移交给新崛起的汉族官僚集团，从而改变了权力结构，对清朝未来的政治演变产生了深刻影响。

太平天国对西方列强采取强硬的立场，对其侵华及其在华特权一律不予承认，表现了中华民族敢于反抗外来侵略的斗争精神。其还同外国侵略者直接进行战斗，大涨了中华民族的志气，展现了中国人民不可侮的英雄气概。太平天国的理想和斗争，是一份宝贵的历史遗产，对后世的革命运动起着推动作用。如康有为、梁启超发动的戊戌变法，孙中山领导的辛亥革命，都从太平天国的历史经验和教训中汲取了营养。孙中山自称"洪秀全第二"，表明他以洪秀全为榜样，以革命的武装推翻清朝的专制统治，把太平天国的精神发扬光大。

二、捻军起义

捻军活跃在安徽、河南、山东西南部和江苏北部一带，以破产农民、游民等为主要成分。捻军的前身是"捻子"或"捻党"。可能是因为皖北地区称"一部分"、"一股"为"一捻",由此得名。在清朝乾隆、嘉庆年间已出现于皖、鲁、豫、鄂四省边境地区,以宗族、亲友关系结成集团,从事打富济贫、贩运私盐、自卫身家等活动。捻众"居则为民,出则为捻",因缺乏统一组织和纪律,一直未形成强大的队伍。

1851年,张乐行和龚得树等人结捻聚义,攻破河南永城,捻党发展为捻军。1853年,太平军北伐经皖北、豫东,大大鼓舞了当地捻军。张乐行等十八位捻首,在雉河集歃血为盟,称"十八铺聚义",共推张乐行为盟主。之后,捻军进攻蒙城、亳州等地。在同清军作战中,各地捻军感到有进一步联合的必要,乃于1855年8月在雉河集会盟,统一编制为黄、白、蓝、黑、红五大旗,旗下还设司马、先锋等名目。各旗共推张乐行为"大汉盟主",确立军纪,颁行军律。从此,捻军由分散走向统一,拥众几十万,战斗在南到庐州,北到徐州,东自洪泽湖,西至归德的大片地区,成为太平天国最重要的友军。

1856年夏,捻军与清军在雉河集激战失利,雉河集陷落,捻军南走至淮河南岸的皖豫边界三河尖,建立新据点,并相继攻克霍匠、六安、正阳关等地。

1857年3月4日,经太平天国主动联络,捻军在霍邱城外与太平军会师,改换太平军旗帜,受太平天国封号,张乐行为征北主将,苏添福为立天侯,张宗禹为石天燕。此后,捻军与陈玉成所部太平军配合，在皖、豫一带作战，并分兵远征鲁、豫、鄂、苏等地。1860 年 2 月，曾攻占过苏北重镇清江浦，张乐行因功晋升沃王。1861 年 9 月，太平天国安庆失守后，张乐行率部打回雉河集。1863 年 3 月，僧格林沁进攻雉河集，张乐行率二十万人与之激战，遭到惨败，张乐行被俘遇害，其他捻军首领或战死或被俘，捻军主力至此被击溃。太平天国失败后，捻军和太平军余部联合作战，一直坚持到同治七年（1868 年），转战八省，最终给清朝反动政权以沉重的打击。

三、其余各地各族人民的起义

在太平天国胜利发展的鼓舞下，各地各族人民的反清起义蓬勃地发展起来。

鸦片战争以后，咸、同年间，黔东南等地又爆发了以张秀眉为首的苗民大起义。各路起义军在短短的几个月内，几乎攻占了整个黔东南地区，他们与各地以汉族为主的"教军"、"号军"相互配合，和侗族、水族、布依族、瑶族等族农民起义军密切联系，协同作战，后来还与太平天国石达开的部队取得了联系，直接或间接地打击了清朝的统治。起义先后坚持了 18 年（1855—1873 年）之久，是苗族历史上时间最长、影响范围最广的一次斗争。苗族人民纪念这次运动中杰出领袖张秀眉等的颂歌一直流传到今天。

咸丰六年（1856 年），回民杜文秀联络汉族、彝族和白族人民在蒙化县举起了反清的大旗。杜文秀领导的起义军纪律严明，

先后夺取了53座城，占全省的大半。在攻占大理城后，杜文秀被起义群众推举为兵马大元帅，建立了大理政权。自攻占大理后，大理政权逐步向外发展。到同治六年（1867年）十月以前，除云南大半地区都处在大理政权的控制下，杜文秀还派出别动队去贵州、陕西、四川等地发动起义，起义军在西南地区的势力迅速扩展。大理政权受太平天国革命的影响很深，曾主动派军同石达开的太平军配合行动。但在清军的围剿下，1872年云南人民反清运动被镇压了下去。

四、清末的民变不断

除白莲教、太平天国、义和团几大主要的农民起义运动外，清末的民间骚动极为频繁，也非常引人注目。据统计，从光绪二十八年1902年正月至宣统三年1911年八月辛亥革命前夕，全国共发生民变1028起。从年份上看，主要集中在1906年（133起）、1907年（139起）、1909年（116起）、1910年（217起）；和1911年（108起）。可见，1906—1907年、1909—1911年是清末民变的两段高发期，其中又以1910年最高。

在起因方面，有抗捐抗税、罢市、罢工、抢米风潮、反对新政等；形式方面，主要有直接冲击地方政府、罢市、抢米、罢工、冲击地方绅士等几种，其中直接冲击地方政府（主要包括冲击县署、毁局打卡、殴打官吏和冲击新政措施）在清末表现得尤为突出。

抗捐抗税和抢米的斗争，在各省普遍发生，其中规模大的有湖南省长沙的抢米风潮和山东省莱阳的抗捐斗争。宣统二年（1910年），长江流域发生了严重的水旱灾荒。一时间，"江、浙、湘、沔、淮、泗之间，嗷嗷之声，达于比户。而淮安、扬州、江宁、平湖、海州等处，老弱流亡，络绎道路，或数百人为一起，或数千人至万人一起。汉口地方聚至二十余万人"。灾民只得靠吃树皮、草根过活。绅士、地主和中外商人则乘机囤积粮食，获取暴利，致使米价暴涨，饥馑遍地。宣统二年三月（1910年），长沙城乡饥民忍无可忍，要求官府减价粜米，遭到镇压，死伤数十人。饥民奋起跟清军搏斗，参加的群众发展到几万人。他们捣毁米店、钱庄，烧毁巡抚衙门、税局，还捣毁外国领事住宅、洋行和教堂，将斗争的矛头直指封建统治者和帝国主义侵略者，终于迫使清廷允许平粜。同年，莱阳县乡民要求清算被官绅侵吞的备荒积谷，用来渡荒和支付捐税。他们的要求被官吏拒绝，代表被拘押。于是，几万乡民围困了莱阳县城，进行了多次激烈的斗争。据不完全统计，光绪二十八年至宣统三年（1902—1911年），全国各地此伏彼起的民变多达1300余起，平均每两天半就要发生一次。

出于维护统治的考虑，清朝中央和地方对民变都非常重视，清政府一直告诫地方官要体恤民情，不能以捐税苛扰，一旦民变造成局面失控，清廷除拿问民变为首者外，还会严惩负有责任的地方官吏和绅士。事与愿违的是，清末民变接踵而起，不仅范围广泛，而且次数频繁，且有愈演愈烈之势，充分暴露出这一社会问题的严重。民变以广泛的态势表达了对政府的反抗，虽然并没有直接导致清朝统治的瓦解，却对统治秩序构成了强大冲击。面对这一状况，中央和地方无疑都会有应对，但没有很好地解决。总的来讲，面对频繁出现的民间骚动，甚至以抨击政权为目的的"群体事件"，清朝政府既无事前准备，又无事后总结，仅仅是能剿则剿，不能剿则逃，疲于应对，结果是越扑越旺，直到烧毁自己。遍布全国的越来越尖锐的阶级斗争，削弱了清朝的统治，使它陷入了四面楚歌的困境，为辛亥革命的爆发创造了客观的社会环境和群众基础。

第六节 革命

光绪末年，中国资本主义有了初步的发展，民族资产阶级的力量有所增长。风行一时的出国留学和国内新式学校的开办，为这个阶级培养出了大批的知识分子。

光绪二十九年（1903 年）留日学生已有 1300 多人，三十一年（1906 年）激增至 8000 人，三十二年（1905 提）达 1.2 万人。与此同时，在国内由各类学堂培养出来的学生人数也是逐年上升，至清廷覆灭之前，学生总数已达 150 多万。在这些有别于旧式文人的新知识分子中，有许多人接受了变法维新运动失败的教训，又受到农民反帝爱国运动的启发，开始逐渐感觉到，要摆脱帝国主义和封建主义的压迫，就必须走推翻清朝统治的革命道路。他们在国内外组织了革命团体，出版了许多报纸刊物，宣传资产阶级的民主革命思想。上海和东京是他们革命活动的中心。在日本，从光绪二十六年（1900 年）发刊的"专以编译欧美政法名著为宗旨"的《译书汇编》开始，在短短的几年时间里，具有明显的革命倾向且产生了较大影响的《国民报》、《游学译编》、《湖北学生界》、《浙江潮》、《江苏》、《二十世纪之支那》等刊物相继问世。在上海，资产阶级革命派和进步的知识分子宣传革命的舆论阵地主要是《苏报》、《大陆》、《童子世界》、《国民日日报》、《警钟日报》等。据统计，革命党人先后在国内外创办了约一百二三十种报刊，用以"灌输最新学说"，"传播革命思潮"，"鼓舞国民精神"。发行数量，最多的达到两万多份。革命党人创办报刊的同时，还编印了大量宣传革命的小册子。从孙中山发动广州起义失败后到宣统三年（1911年）武昌起义爆发期间，革命党人共印发这类读物130种左右。革命书刊的大量出现，预示着资产阶级领导的革命运动正在蓬勃兴起。

资产阶级革命派在宣传民主革命思想的同时，进一步展开了建立革命组织的活动，华兴会、科学补习所、光复会等革命团体相继成立，并多次组织武装起义。除以上比较重要的有较大影响的革命团体之外，当时在国内还出现了其他一些革命团体，如福建的文明社、汉族独立会，安徽的岳王会，江西的易知社、自强会，江苏的强国会，陕西的励学斋，四川的公强会等。这些革命团体虽然带有一定的地域性，往往是各自为战、分散活动，但是，它们大都以推翻清廷的封建统治、实现民主共和为其政治目标，努力宣传革命思想，积极策划武装暴动。这些革命团体的建立及其活动，促进了革命形势的发展，也使建立统一的全国性革命政党的条件日趋成熟。

革命形势的急速发展，使原来由各革命团体分头活动的斗争形式，已难以适应形势的需要。革命党人深切地感到有必要组建一个全国性的统一政党来领导革命运动。于是，深孚众望的革命领袖孙中山，开始同各革命团体的负责人广泛接触，致力于建立起一个具有更广泛的社会基础和明确的政治纲领的革命政党。经过与黄兴、宋教仁等人的磋商，决定成立一个全国规模的统一的革命组织，以便指挥全国革命斗争。经孙中山提议，该组织定名为中国同盟会，以"驱除鞑虏，恢复中华，创立民国，平均地权"为纲领，即民族、民权、民生的旧三民主义。

同盟会成立以后，革命党人坚决执行以暴力推翻清政府的行动纲领，不断联合会党、新军发动武装起义，较大的有：1906 年湘赣交界的萍（乡）浏（阳）醴（陵）起义，1907 年孙中山直接发动的潮州黄冈起义、惠州七女湖起义、钦廉防城起义、镇南关起义及 1908 年的钦廉上思起义、云南河口起义，最轰动的当属 1911 年黄兴等组织的广州黄花岗起义。以上起义虽然都遭到了失败，但对全国革命形势的迅猛发展起到了巨大的促进作用，每次起义都使清朝的统治受到了打击，它表明反清的革命浪潮此伏彼起，更大革命风暴的到来已经为时不远了。

宣统三年（1911 年）六月，四川省爆发了保路运动，并迅速激化，发展成武装斗争。这使湖北的革命党人深受鼓舞，文学社和共进会几经磋商，决定联合发动起义。八月十九日夜，新军工程第八营的革命党人打响了起义的第一枪，武昌起义爆发。革命

军猛攻总督衙门，瑞澂等官员仓皇逃走。经过一夜的激战，革命军占领了武昌。二十一日，又占领了汉阳、汉口，完全控制了武汉三镇。武昌起义的胜利，迅速推动了全国各地群众革命热情的高涨。革命党人在各省积极发动新军、会党起义，农民、工人、手工业者和城市贫民也纷纷自发地起来参加斗争。

在武昌起义爆发后的短短一个月内，全国已有鄂、湘、陕、赣、晋、滇、浙、苏、贵、皖、桂、闽、粤等13省及全国最大的城市上海，先后宣布脱离清廷独立。在其他省的许多州县，也纷纷爆发了起义。在革命洪流的冲击下，清廷的反动统治陷于土崩瓦解的局面。

第七节　人口·耕地·粮食

中国自进入晚清时期以来，社会长期动荡不安，人民群众的反抗斗争连绵不断，仅 1901 年《辛丑条约》签订到 1911 年辛亥革命爆发的十年间，农民自发的反抗斗争至少就有 320 多起。史学家认为，一般社会经济的恶化、人民生活日趋贫困是中国近代社会动荡不安的主要原因；西方史学家更侧重于强调人口压力对经济产生的不利影响。他们认为，晚清和近代中国社会史的最显著特点是人口增长过快，当时的许多问题也许可以用这个理论加以说明，并且巨大的人口压力对农民生活的消极影响自清代中期起就已经产生。

清代是我国封建社会人口增长最多的时期，相关统计资料很丰富：自康熙五十一年（1712 年）实行永不加赋的赋税制度，到雍正年间实行"摊丁入亩"的赋税政策，实际上是取消了传统的人头税。这种赋税制度的改良，无疑也促进了人口数量的快速增长。

据官方资料统计，鸦片战争爆发前后，全国人口突破四亿大关。到太平天国农民起义爆发时，全国人口达到 4.3180 亿。后来由于清政府残酷镇压太平天国、捻军和西北回民起义，从咸丰二年（1852 年）至同治九年（1870 年）的近 20 年时间里，全国人口一直呈下降趋势，同治九年（1870 年）全国人口 3.5773 亿，为太平天国起义以来最低值，同治十年（1871 年）全国人口数量开始缓慢回升，到 19 世纪 70 年代中期全国人口数量回升速度加快。光绪十三年（1887 年），全国人口又超过 4 亿；光绪二十七年（1901 年），全国人口增加为 4.2644 亿。另据《东方杂志》调查计算，1913 年全国人口大约为 4.4254 亿。

清代的耕地面积，官方有比较详细的统计资料。据资料显示，咸丰元年（1851 年）全国耕地面积为 7.5638 亿亩。此后由于第二次鸦片战争和太平天国起义等国内、国外战争的影响，耕地面积一度有所下降。到同治十二年（1873 年），全国的耕地面积又恢复到咸丰元年（1851 年）的水平。光绪年间，由于清政府解除了对东北地区的封禁，东北地区的大片土地被开垦耕种，全国耕地面积有了明显增长，1887 年达 9.1197 亿亩。但是从 19 世纪 90 年代起至辛亥革命前夕，耕地面积的增长又趋于停滞。据官方统计数字，清末全国人均耕地仅为 2 亩。据严中平等编著的《中国近代经济史统计资料选辑》中记载的 1933 年耕地数，再用同书记载的 1893 年至 1933 年耕地面积指数，计算出 1893 年、1913 年的全国耕地面积分别为 11.889 亿亩和 12.679 亿亩。据此可知，

1893、1913 年全国的人均耕地分别为 2.89 亩和 2.82 亩。这一数字虽较官方的统计数值增加了近三分之一，但人均占有耕地的水平仍然较低，而且呈下降趋势。

全国人均耕地与农民人均耕地是有区别的。中国封建经济最为繁荣的唐宋时期，全国城镇人口比重曾经达到 10% 左右。清中叶鼎盛时期，随着手工业和商业的发展，全国城镇人口的数量也逐渐增加。但由于人口基数大，全国城镇人口的比重仅略高于5%。19 世纪 60、70 年代以来，随着国内近代工商业的兴起和商品经济的进一步发展，沿海地区涌现出一批新兴城市，不仅使全国城镇人口数量有所增加，比重也有所提高。据推算，光绪十九年（1893 年）城镇人口比重约为 6%。如果再考虑到军队盐民等人数，1893 年非农业人口的比重可以达到 7%。辛亥革命前夕，非农业人口的比重约为 8%。据此计算，1893、1913 年全国农业人口分别为 3.8317 亿和 4.1310 亿，农民人均耕地分别为 3.1 亩和3.06 亩，全国农户平均耕地分别为 16 亩和 15.8 亩。

清末人均耕地和农民人均耕地水平，不论是与清代前期相比，还是与同时期世界其他国家相比，都是较低的。社会经济若要得到稳定持续的发展，必须使社会总劳动力人口与社会总的生产资料相适应。清末人口与耕地的比例关系已经失调，这就对当时的社会经济发展产生了不利影响。

首先，可耕地人均占有率很低，在一定程度上引起了粮食供给的不足，加剧了农民生活的困苦。在当时社会条件下，由于帝国主义的侵略和统治阶级的残酷剥削，人民负担本来就十分严重。光绪二十六年（1900）以前，清政府因种种原因外债就已相当可观，每年除了需要白银约 2500 万两付利还本外，《辛丑条约》又规定清政府需要支付巨额赔款。1902 至 1904 年，每年需白银约2182 万两；1905 年达 2800 万两；1906 至 1910 年每年为 1900 万两。这些巨额赔款最终都由清政府通过增加赋税的方式转嫁给了以农民为主体的人民群众，致使清末农民缴纳的赋税名目繁多，数额日趋增加。在中国传统封建社会里，最重要的生活来源是粮食。清朝中期，全国的粮食种植面积约占耕地总面积的 85%。由于外国资本主义侵略的逐步加深和国内近代工业的初步发展，近代中国的农产品市场越来越附属于世界资本主义市场，农民纷纷放弃种植粮食，转而种植利润更大的农村商品性经济作物，因此清末的粮田面积大致可定为耕地面积的 80%。这样，清末全国人均粮田面积约为 2.3 亩，人均占有原粮约 667 斤。这比清朝中期水平更低。如果去掉种子、饲料、酿酒等方面消耗的粮食，再加上当时粮食加工率较低，清末人均仅占有净粮约 320 斤，这个水平线是非常低的。这导致农民粮食储备不足，一旦遇到大规模自然灾害，粮食短缺的矛盾就会凸显。因此，清末许多粮食供应紧张、粮价上涨的现象是与当时人均占有粮食的低水平密不可分的。据当时有人反映，光绪后期粮价日益上涨，土地出产已经不足以供应全国人民的需求。仅就广东地区而言，粮食供应已经仰仗于暹罗和安南。粮食紧张的状况迫使清政府不得不再次重启严禁运米出口的禁令，同时粮食的进口量呈上升趋势，例如，1907 年中国进口了约 1276 万担大米和约 491 万担面粉。清末粮食紧张，致使抢米事件日益增多，社会更加动荡不安，加速了清王朝的崩溃。这些状况虽然与分配不公、商人囤积居奇等人为因素不无关系，但当时人均占有粮食水平较低这个因素也是不容忽视的。

其次，农民人均耕地占有率严重不足，已经使得全国许多省区不同程度地出现了人口相对过剩，导致社会闲散劳动力人数增加。农业生产技术并没有明显提高，加上人均土地占有率的下降，导致人口相对稠密的关内地区出现劳动人口过剩现象，从而降低了农户的平均生产能力，这一状况，以广东、云南和浙江等省区比较明显，山东、直隶和河南三个省区尤为突出。随着土地的日趋集中，佃农和半自耕农的数量不断增多，越是农村人均耕地少的地方，这一现象就越突出。清末一些农均耕地较少的地区，都出现了人口大量迁徙的现象。广东、福建一带多表现为"下南洋"，山东、直隶和河南等地的农民则涌入东北，形成了著名的"闯关东"移民潮。但是人口的迁徙只能暂时缓解劳动力过剩带来的压力，并不能从根本上解决清末许多地区存在的人口过剩危机。很多记载表明，清末社会的失业游民在不断增加。内地的无业游民不少成为盗贼，造成的杀戮惨不忍睹。比如广东一个省，庚子以来每年因此死亡两三千人，抢劫现象也很严重。失业游民人数的大量增加是社会动荡不安的一个重要因素，虽然不能把这一现象简单地归咎于人口的过度膨胀，但也不能否认人口激增确实促进

了这一现象的产生。

　　在封建社会的农业经济时代，解决由人口增长所引起的总人口与生活资料、劳动力与耕地需求之间矛盾的办法，不外乎依靠提高粮产量和扩大耕地面积两种途径。但是由于中国传统的农业生产技术在明清之际已经达到了封建社会的顶峰水平，在原有耕地上提高粮食单位产量相当困难。与此同时，清末许多地区易开垦的荒地基本已经开垦殆尽，潜在的耕地资源主要集中在东北地区。耕地资源的增长速度无法与人口的增长相适应，意味着许多地区耕地不足的矛盾将越来越严重。加之鸦片战争以来，中国社会动荡，战争不断，耕地面积不断减少。因此，通过扩大耕地面积的办法来提高粮食总产量以解决粮食供应不足的问题也难以奏效，劳动力过剩的问题就不可能缓解。人口的激增，带来了很多社会问题，导致了社会不断动荡不安，这也是清王朝走向崩溃的重要原因之一。

第八节　江湖

秘密会党，是近代中国的一种巨大社会势力，也是近代中国的一个严重社会问题。秘密会党的渊源久远，经明清两代，发展迅猛，教门繁多，成为具有顽强生命力的民间社会运动。作为下层群众的集合体，它们大多在原有社会组织之中另立系统，成为正统社会秩序的对立物。近代中国社会剧烈动荡，民间秘密教门与秘密会党更加庞杂，遍布大江南北，名目达三四百种，形成一种巨大的社会势力。其影响渗透社会各个阶层，每隔数年就滋生出一些新的邪教组织，成为影响社会稳定的痼疾。

18 世纪下半叶即清朝的乾隆、嘉庆时期，以天地会为主体的秘密会党在中国大量出现，至 19 世纪末 20 世纪初即清光绪、宣统年间，秘密会党的组织已遍布全国。从城市到乡村，从交通码头到驻军兵营，到处都有它们的山堂香水。

清王朝的统治，发展到嘉庆时期，已由盛转衰。吏治腐败，贪污成风，各种社会矛盾暴露无遗。在当时的许多社会矛盾中，最突出的是由于人口爆炸性增长和土地兼并严重所造成的耕地开发与人口增长的比例失调、人多地少的严重矛盾。广大劳苦群众为衣食所迫，不得不想方设法，自谋生路。他们或去他乡出卖劳力，佣趁度日；或肩挑负贩，小本营生；或漂流江湖，行乞糊口；或上山开采；或人海为盗。其中解决人多地少、衣食困难的一个重要途径，就是移民，也就是人口密集地区的失业人群，大批向地广人稀的地区迁移。清康熙中期以后，一些人口密集、土地贫瘠地区的群众，已开始大批自发地向外流迁。人口外流最突出的，南方是福建、广东，北方是山东等省。

大量的破产农民，离乡背井，流落到外省以后，生活孤立无援，极不稳定，常常遇到天灾人祸的打击和封建统治者的欺压。出于互助的需要，他们迫切要求结成团体。于是，像天地会、哥老会这类异姓结拜兄弟，实行"一人有难，大家帮助"的秘密会党，就应运而生。秘密会党的发展趋势，与人多地少矛盾的加剧及破产农民队伍增长的步伐是一致的。清代中叶秘密会党名目陡然增加（第一历史档案馆的档案史料证明，秘密会党大量出现在乾隆二十（1755 年）年之后），正是清王朝由盛转衰，中国封建社会走向没落的时期。这绝不是偶然的历史巧合，而是上述社会矛盾运动客观规律的反映。清代秘密会党的兴起，不是由于"满汉民族矛盾"，而是由于社会矛盾。人口恶性膨胀和土地兼并剧烈，造成了大批无地可耕的游民，就是清中期秘密会党兴起的主要社会根源。到了晚清时期，即中国进入近代半殖民地半封建社会以后，由于外国资本主义势力的侵入，传统的自然经济遭到严重破坏，社会形态发生了质的变化，更大量的破产劳动者游民队伍从旧式的交通航运业、传统的手工业和农业中分离出来，加之连续不断的自然灾害所造成的千百万流离失所的难民和连年战争所造成的数百万散兵游勇，这些就是近代中国秘密会党势力得以飞速发展的主要来源。

秘密会党内"血缘关系"的创造过程，首先是通过歃血拜盟，使成员形成血缘的共同意识。歃血拜盟、血盟誓约的风俗在中国古代即已流行，其中结拜义兄弟是血盟最重要的一种。这种结拜血盟兄弟的风习，通过《水浒传》中梁山泊聚义和《三国演义》中桃园结义的故事在下层人民中流传下来。到清代，就被天地会、哥老会等各种秘密结社所采用，从而酿成会党成员的血族意识，创造了相互之间的血缘机能，最后就凝聚成一种命运与共的血缘家族似的帮会团体。

秘密会党在组织机构方面，也仿照家族制的构造原理，虚构起会党成员间纵横的血缘关系。纵向关系方面，以青帮的严格辈字制和师徒传承制最为突出。青帮早期是运河线上运输漕粮的水手帮会，要把这批苦力劳动者组织起来，并霸住漕帮，非有强力的精神统制和严格的帮规家法不可，青帮内崇拜罗祖和实行严格的辈字制度的家长统治，正是适应了这种需要。青帮建立了一套严格辈字制度和家长统治，其辈分按"清静道德，文成佛法，仁伦留意，本来自信，元明兴礼，大通觉悟"二十四字排列，凡拜师入门，各按字辈，入门弟子与师父之间的关系如同父子一般。这样，前后世代相传，就使全体成员置于一个等级森严的犹如封建家族的序列之中。在青帮内部，实行上下绝对服从的家长统治，其核心是建立师父的绝对权威。他可以"替祖代法"，对违反帮规的成员，施以各种酷刑处罚，使所有成员束缚在这种封建家长式的控制之下，而不能自拔。

横向关系方面，以天地会、哥老会的组织结构为代表。由于天地会、哥老会的活动并不限于一个地区或某个职业部门，也没有统一的奋斗目标，因此，它们的组织机构重点不在发展强力的统制和统合手段，而在于发展横向的同辈、同僚的关系。如天地会的首领（总理）为大哥，香主为二哥，白扇为三哥，以下还有先锋、红棍、草鞋等。哥老会的山主为龙头老大哥，圣贤为老二，新副为老三，以下直至老幺，为适应江湖游民结社的流动性需要，天地会和哥老会的成员，只要持会簿和票布，即可随处传会，开立山堂。哥老会则在各地分设山、堂、香、水。这种横向关系的发展结果，就出现了山堂林立，各自分峙，虽有交通，不相节制的局面。

总之，无论从纵向关系还是从横向关系看，秘密会党的组织结构都是家族血缘制的模式，血缘是永远切不断的。秘密会党虚拟这套血缘关系，目的是为了维护和巩固帮会大家庭。因此，秘密会党的成员要随意从帮会家庭中脱离出来，也是不许可的。

此外，秘密会党还颁布腰凭、票布，持票即可"随所至皆得衣食"。彼此联络有切口隐语，和"三指决"、"茶碗阵"、"挂招牌"等暗号。开码头时，有盘问对答的诗句。这些都反映出会党的流氓无产者性质和江湖习气。

自然灾害连年发生，战乱持续不断，失业和饥饿的人群为了求生，就大批投奔会党，加入匪帮，从事非法的"盗匪"活动。近代的中国会党，不仅活跃于农村，而且密集于城市和交通码头。根据其在城市不同地区的活动特点，近代会党可分为城市型和农村型两种类型。

农村型的会党，是以农村中的破产农民和其他游民为主体而组成。由于农村贫苦农民加入会党的最基本要求是谋求饭食，农村会党解决会众的吃饭问题的方法，往往是数百为群，实行集住的共食制。这种共食制，以太平天国时期广西天地会的"米饭主"最有代表性。凡米饭主，都开堂设馆，招待饭食，但会众抢夺的财物，要一律交公，同时必须遵守会内纪律，服从指挥。农村会党的对外功能，主要是进行非法的不择手段的经济掠夺活动，有时也进行抗击官府、反对贪官污吏的政治斗争，但又常被统治者收买，充当世仇械斗和镇压人民的工具。

由于会党的基本成员是脱离生产的，所以他们的经济活动就偏重于寄生的、非法的部门，通常是进行走私贩运，开设赌场、烟馆、妓院，以及从事偷盗抢劫等各类土匪活动。

走私贩运，主要指私盐贩运和鸦片贩卖。这是会党取得生活来源的一个重要途径。在近代的鸦片毒品走私运动中，会党也是一支最活跃的力量。自嘉庆、道光年以来，在黄埔、澳门各海口，珠江口外之零丁洋上，以及广东内河西江、北江的鸦片走私，以三合会的势力为最大。四川、云南的烟帮，多与当地的哥老会相勾结。

但是，会党在农村中最大的活动，还是从事各类土匪活动。可以说，近代中国的土匪活动与会匪活动是密切相联而不可分的。

大股土匪，除了进行有组织的抢劫掠夺活动以外，有时也干出一些与梁山泊绿林豪杰相类似的劫富济贫、为农民伸张正义的事迹。大股土匪向前推进一步，就成为土匪军队。他们除了进行常规的土匪掠夺活动以外，还不时向城市集镇和地方政府发动袭击，如淮北地区的各支捻军。总之，以上各类土匪活动，都是农村会党对外功能的主要表现形式，也是他们求生的主要行径。

鸦片战争以后，随着中国近代城市的兴起，大批农村的失业者、土匪、游民涌进城市寻找职业和生活机会，秘密会党行帮的势力也就在城市中迅速发展起来，于是就形成了近代城市型的会党。由于城市行业多样，竞争剧烈，人群庞杂，流动频繁，统治者的力量较强等因素，就决定了城市会党有许多不同于农村会党的特点，这些特点是：（1）它的范围更加广泛，系统更为庞大。如上海、武汉等城市的青洪帮，上至官府，下到里弄，从工厂码头，到摊贩商店，从赌场戏馆，到澡堂妓院，无处不有它们的势力。（2）分帮分行，各分地段。以上海为例，除了本地帮之外，还有苏北帮、安徽帮、浙江帮、广东帮、福建帮等在同一个行业里，如铁路、码头上，还分为广东帮、江南帮、湖北帮、福建帮等帮派，这些帮派机构严密，帮规复杂。它们建立了一套严密的网络组织和详细的帮规暗号。如青洪帮在长江各城镇码头都设立了山堂组织，进行联络的"海底问答"、"江湖切口"，就是最明显的例证。（3）具有更强的寄生性和盲动性。帮会进入城市以后，就逐步演化为黑社会组织，其头目不仅包赌包烟包娼包盗，过着荒淫无耻的寄生生活，而且与帝国主义反动军阀相勾结，充当他们的爪牙鹰犬，与人民为敌。至于城市会党的社会功能，除了一些基本点与农村会党相同外，它在为城乡破产劳动者介绍职业，以及在开展经济斗争等方面，也还有某些特殊的作用。

第九节　大清掘墓人

鸦片战争以后，中国社会结构渐渐开始发生变化，晚清社会的裂变使得传统社会阶层结构的旧格局被打破，而这种变化在清朝的最后十年迅速加剧。在这十年中，随着新政的开展，产生了新知识分子、从旧绅士阶层分化出来的新绅士以及从统治阶层中分化出来的以袁世凯为首的北洋政治军事利益集团。传统社会结构发生巨大裂变，士农工商的旧格局不复存在。在这个新的社会结构里，地方精英的思想观念发生了巨大的转变，每一个阶层都有着自己的利益和政治诉求。新绅士希望参与政权；地方督抚希望保持甚至扩大已经获得的权力；商人阶层在政治上紧随新绅士，对清政府造成一定的压力；新知识分子公开反满；而下层民众则反对新政进而反对清政府。新兴势力的兴起对清王朝的统治产生了巨大的冲击，清政府适应不了或无力驾驭这一变化了的社会，只好被迫退出历史舞台。

一、新绅士

费孝通先生曾在《中国绅士》一书中提出："作为一个特权阶级本身，士绅绝不是革命的。秩序和安全是他们唯一的兴趣。"然而西方的入侵、科举制的废除、新政的推行等一系列变化，使得保证士绅特权的"秩序和安全"几乎消失殆尽，这一阶层的分化与转变顺理成章。绅士是传统中国社会的精英，一般来说，他们也是中国旧的知识阶层。许多学者都已指出，他们有着显赫的地位，对民众有着非常大的影响。他们的威望和影响一方面来自他们权威性的知识，另一方面来自他们对地方事务的参与。中国传统的地方行政机构常常过于简单，尤其是县以下的事务，有许多今天看来是本应由政府承担的职责，在当时地方政府却无力承担，这些事自然就落到了绅士的头上。特别是，清代实行回避制度，担任地方官的都是外省外地人，他们在一地任职不过两三年，在他们对地方情形不甚了解的情况下，就要在很大程度上依赖绅士。在传统的中国，或至少在清代，绅士是沟通政府与民众的桥梁，他们是清政府统治的基石。

自湘、淮军兴起以来，绅士的地位大大提高。在很多地方，尤其是湖南绅权特别大的地方，如果没有绅士的合作，地方官的行政活动很难进行。戊戌变法时期，湖南的绅士们与巡抚陈宝箴、学政江标及徐仁铸、署按察使黄遵宪等合作推行各项改革措施。但后来绅士发生了分裂，以熊希龄、谭嗣同为首的新派绅士和王先谦为首的老派绅士意见分歧，熊希龄等激进而王先谦等持重，王先谦等势力较大，甚至陈宝箴也要对王先谦等妥协以换取其支持。

　　清末新政时期，绅士阶层发生了巨大的变化。这种变化分作两个方面。第一个方面，一般来说，作为传统社会的精英，绅士的地位与科举制密切相关，或者说，绅士依存于科举制。但是，1905年科举制的废除，使传统绅士的队伍无法补充，依附于科举制的绅士将失去传统的社会精英地位，而且随着科举制的废除和社会的变化，他们原来引以为傲的旧知识将变得无用，他们头上原来那耀眼的光环也将黯然失色，但是他们原有的威望和影响还没有马上消失。如果要维护其权威和地位，他们必须另寻出路，出路就在于下面所说的变化。第二个方面，就在新政的实施过程中，绅士也发生了悄悄的但却是十分巨大和重要的变化。经过义和团和八国联军事件的打击，许多绅士也像慈禧太后那样终于认识到闭关锁国再也行不通了。因此，不少绅士致力于兴办新式学校、新式企业等新政措施，就像从前他们为修建道路、桥梁、水利设施等公益事业尽力一样。绅士们参与新政，是时代潮流所趋，也是日益严峻的外患的刺激，然而就在这一过程中，他们的思想观念逐渐发生了一定程度的转变，他们和新的事物联结在一起。其中有不少人出国考察、游览甚至留学，获得了新的知识。因此，在旧的绅士阶层没落之时，从中分化出一批具有新色彩的绅士，笔者把他们称为新绅士。

在清政府实施新政改革以前，绅士在地方有着相当大的影响，他们是地方事务的活跃分子，地方官一定程度依赖他们且对其礼让三分。新政改革实施后，他们在地方上的活动范围比以前进一步增大。然而，他们是分散的、各自为政的，尽管他们有共同的经历、共同的思想，也可能有共同的政治利益。直到1905年，可以说在政治上，他们互相之间很少联络，在全国范围内，他们不能用一个声音说话。但是，清政府的预备立宪，使他们发生了又一个重大的变化。清政府明令设立谘议局、资政院，以及推行地方自治，给他们提供了新的合法的活动场所，再加上报纸、杂志、电报等大众传播媒介和信息手段的迅速增加，轮船、火车提供的较以前大为便利的交通，使新绅士形成全国性的集结。由于预备立宪，朝廷放松了对集会结社的限制，他们有机会成立立宪团体，一旦有了一致的政治要求，此处一声号召，全国立即呼应。这就是学术界常说的立宪派。换句话说，在绅士这个传统社会精英消亡前，他们有了一定的变化，而且他们的势力还因为新政特别是立宪增强了。

新绅士们对局势有着举足轻重的影响。因为他们是绅士，旧的绅士的威望还没有消失，他们对民众的影响和号召力非常大，如果他们抛弃一个旧政府，民众也往往会在他们的影响下跟着抛

弃这个旧政府；因为他们一定程度接受了新事物，又有许多新知识分子加入他们的行列，他们初步学会了新的参与政治的组织形式——组织政党，懂得运用报刊这种新的大众传播媒介来扩大自己的影响；由于他们许多人又是新型工商企业家，他们有足够的财力来伸张自己的政治目的。因此，新绅士——立宪派的政治倾向，对清政府的存亡至关重要。

有的学者认为绅士本质上是反动的、保守的，他们只是为了不失去往日辉煌的地位才参与新政，并借新政的机会为自己争取甚至从前都没能得到的好处和利益。他们反对革命，反对进步，辛亥革命的失败，这些人要负主要的责任。虽然认识问题的角度不同，但中国大陆 20 世纪 80 年代和中国台湾 20 世纪 70 年代以前，学术界有着类似的观点，即立宪派是反对革命破坏革命的罪魁祸首之一。这一见解忽视了绅士在新政期间自身的转变，即新意识逐步渗入到他们的思想中。另一种见解是把新绅士定位为新兴资产阶级，带着赞美的眼光欣赏他们，欣赏他们务实的倾向和较为温和的政治态度，甚至因为重视他们就贬低革命派，从而忘记了他们后面的绅士尾巴和他们比较保守的政治倾向。

应该说，新绅士——立宪派是个矛盾着的社会集团，由于他们多数是由旧绅士转化而来，因此毫无疑问也带有旧绅士的保守性。但是在新政时期，绅士又发生了重要的变化，再加上新式工商业者和部分新知识分子的加入，使立宪派又有着进取性。同时，由于利益和思想意念的驱使，他们既拥戴清政府又不相信清政府，从而使他们在政治上常常犹疑不决，左右摇摆，但最后还是选择了抛弃清政府。可以说，是新政和宪政改革培育了立宪派——新绅士，而立宪派最后又成了清政府的掘墓人之一。

二、新知识分子

晚清新政的最重要的内容之一，是推广新式教育。1904年初，中国历史上第一个国民教育的学制——癸卯学制正式颁行。1905年，已在中国实行上千年的科举制被废除，这以后，新教育发展更快。与此同时，半是政府号召半是社会自发，青年学子纷纷到日本留学。

由于新学堂的设立和留学运动，产生了一个在晚清和民国初极为活跃的社会阶层，他们就是新学堂的学生和留学生。1905年前后，留日学生人数竟达八千余人。另外据清政府学部统计，1907年全国共有新学堂37888所，教员64470人，学生1024988人。就人数来说，他们在四万万人口的中国并不占很大比重，但是他们的活动能量远远大于一般人群。他们的活动给20世纪初的中国历史打上了深深的烙印。他们有的曾受过相当不错的传统教育，其中不少人曾考取秀才。进入20世纪初，在清政府致力于新政、列强的侵略咄咄逼人的形势下，他们抛弃了旧八股学问，而从事新知识的学习。他们受过传统教育的很大影响，但正在背离传统。与前文所分析的新绅士完全不同，新知识分子又是中国社会以前没有的社会阶层。新知识分子大多是 20 岁上下的年轻人，人数虽然不多，却是中国最活跃的一群。年轻人活跃、敏感、容易激动、容易接受新思想和新观念，他们掌握的新知识在中国社会的各种人群中也是最多的。

1903—1905 年，新知识分子的思想和政治态度发生了急剧的变化。其转变的关键是影响深远的拒俄运动。在这以前，学生们大多是主张改革的梁启超的信徒，这以后，倾向革命人群的越来越多。中心人物是在日本的留学生和上海新学堂里的教师、学生。

我们以湖南出身的黄兴、陈天华、宋教仁，浙江出身的蔡元培、章太炎和广东出身的汪精卫、胡汉民为例来分析这些倾向革命的新知识分子骨干人物的特点。

第一，他们大多受过良好的传统教育，先学中学，后学西学，不少人曾考中过秀才，这与民国以后的新知识分子有一定区别。第二，他们的知识结构较新，是新教育的产物，他们不同于旧式士大夫，也不同于新绅士，容易接受新事物。第三，他们来自全国各地，与社会各阶层有较广泛的联系，这一点有别于 1900 年以前的孙中山和兴中会。第四，比起新绅士，他们年纪较轻，就这一点来说，他们也容易选择革命即激进方式来解决中国面临的问题。

新知识分子是在庚子以后沉重的外患特别是庚子事变的刺激和新政双重背景下成长起来的，由新教育而产生，是新政造就的新人。他们是新的社会精英——即将取代传统绅士阶级的新的社会精英。新知识分子的思想核心和奋斗目标是民族主义，他们是中国新民族主义兴起的载体。这种民族主义是双重的：反对帝国主义侵略（当然不是用义和团的盲目排外的方式），希望中国摆脱落后和受欺辱的地位，进而反对以至试图推翻清朝的统治。在他们的心目中，推翻了清王朝，由汉族人来领导国家，中国就可以转弱为强。其中一部分人认为，建立共和制国家是中国的唯一选择，但反帝反满也就是民族主义始终是他们的最主要特征。他们的成长，代表了中国民族主义兴起的一个阶段。他们是中国民族意识兴起的载体，他们成了革命的主动者。在国外，他们主要集结在日本；在国内，他们主要集结在新学堂和新军。

新民族主义知识分子们不是资产阶级，与实业家们也没有多少联系。新知识分子走上革命道路，与他们自身的处境、利益有一定关系。他们具备了社会精英的学识和能力，但他们大多没有绅士的资格，很难进入传统的上流社会。由于科举制的废除，政府也已不能通过给他们一个可能的仕宦前途的办法笼络他们或使他们为政府所用。另一方面，晚清最后十年新教育和留学的发展极为迅速，但整个经济文化特别是现代经济的发展却没有给他们提供那么多相应的工作岗位。这一切，使新知识阶层很容易变成反现存体制的力量。

总之，八国联军侵华事件之后，清政府不能不推行新政；日

俄战争之后，清政府不能不实行预备立宪。但是新政和立宪改革却带来了清政府决不希望的后果，那就是作为异己势力兴起的新绅士（多数人为立宪派）和新民族主义知识分子（相当多的人为革命党）。

那么，就社会背景来说，新知识分子（革命党）与新绅士（立宪派）有什么共同点和区别？确实，从某种程度上可以说，革命派也是新政的产物，这也是革命派与立宪派最大的共同点。同时，两者都希望社会和政治得到改良，他们都是某种意义上的持不同政见者。笔者以为，他们的不同之处有以下几个方面：第一，革命派拥有更多的新知识，主要是留学生和国内新学堂的学生（他们中间的部分人又加入新军），他们的知识结构比立宪派更新。或者说，革命党的主体不是"绅"，而是新型的"士"。第二，革命派中虽也有部分人有绅士身份，如蔡元培是进士，于右任是举人，但是相对来说，革命党人有绅士身份的较少，因此一般说来他们较立宪派的地位为低，也不像立宪派那样与政府有较多的联系。第三，立宪派年纪较大，中年人较多，而革命党人则多为二十岁左右的青年。这一切决定了革命党人比立宪派更容易接受激进的学说和思想，更愿意以激进的办法来改良社会和国家。

三、商人和新式企业家

1840 年以前，中国还没有所谓现代机器工业，也无所谓现代经济。但是由于国土广阔，再加上天然河流构成的便利交通，商业活动却相对比较发达。这种发达还成就了传统金融业——钱庄和票号的产生。在传统所谓士农工商的等级社会结构中，商人在理论上处于最下层，但其实际的实力和影响力并非如此之低。不过商人要获得较高的社会地位，一般须用他们的财力购买到官员的头衔、挤进绅士的行列才行。商人自己既没有具备足够影响的组织团体，也没有自己的政治意识，更无法向政府提出自己的利益要求。

进入近代社会以后，一个引人注目的现象是买办的兴起。在中外贸易领域，在通商口岸城市，他们是活跃的一群。应该说，过去学术界把他们的形象描写得太坏了。实际上，正是这些买办率先投资创办中国人自己的近代企业，同时服务于李鸿章等创办的洋务企业，他们为现代经济在中国的建立做出了卓越的贡献。有些买办还在与西方人接触的过程中产生了改革的思想并向国人进行宣传，郑观应就是突出的一例。他的所谓"商战"是部分转为民族企业家的买办的真实心态。

自 19 世纪 60、70 年代开始，陆续有私人投资于近代企业。

但是由于清政府不鼓励甚至限制不在政府控制下的私人投资，所以私人拥有近代企业的规模数量和影响都很小。其实在农业以外的领域，实力雄厚、影响大的不是新兴工业家，而是商人。相信今天到山西参观晋商宅院的旅游者都会留下深刻的印象。而这些商人中，与现代新经济联系较多的是买办。同时投资新式企业最踊跃的，也是这些买办。

到甲午战败以后，清政府逐渐采取鼓励私人资本的政策。1901 年以后，更出台了多项奖励私人投资的措施。所以 1895—1898 年和 1905—1908 年，私人投资有两度较明显的发展。随着私营企业的成长，在上海、天津、武汉、广州等地，商人阶层日益活跃。但是认真分析就可以发现，在这些活跃的商人中，真正的现代企业家并不多。这是因为直到清朝灭亡为止，现代经济成分在整个国民经济中仍占着很小的部分。1895 年到 1911 年，整整 16 年中，国人创办的资本超过万元的近代民用企业只有 490 家，总投资额 11131 万元。而 1910 年一年的进出口总额，即达 84400 万海关两（进口 46300 万两，出口 38100 万两）。需要说明的是，上述近代企业还包括了官方拥有和官方控制的企业在内，如果只算私营企业，就更少了。我们再比较一下财政收支。宣统二年（1910 年），清政府试办财政预算，经过资政院修正公布的宣统三年（1911 年）预算岁入为 30191 万余两，岁出为 29844 万两。16 年的总投资额尚远不及一年的财政收入，远不及一年的出口。当时的预算与实际财政运行状况有相当大的距离，但大体可以说明问题。这些数据说明现代经济只占全国经济的很小部分。

晚清新政时期，清政府鼓励各地商人创办商会，而受到清政府鼓励的商会成为新旧各类企业家的活动基地。应该指出，第一，商会的成立及其活跃不是近代企业家意识或资产阶级意识成长的自然结果，而是清政府为发展民族企业而有意鼓励促成的；第二，除个别地方外，在商会中担任领导职务的，大多不是工业家、银行家、新式矿主等真正的现代企业家，而是传统商人。再加上政府对商会有相当程度的控制，所以，很难说商会是真正的或完全的资产阶级的团体。

总的来说，清末商人和新式企业家的力量有了很大的增长，尤其是在上海这样的通商口岸地区，但他们的力量还很小，政治上更是推拙，构不成一个真正的资产阶级。而由于他们与新绅士集团有着千丝万缕的关系，所以在政治上，他们只能做新绅士的尾巴。

四、北洋派及军人集团

与中国历史上大多数王朝一样，清朝以军事征服起家。清朝前期，武力十分强盛。但随着时间的推移，清政府所依赖的八旗、绿营渐渐衰落。到了道光、咸丰以后，八旗绿营这些所谓国家正式军队不仅不能抗御外敌，甚至无力镇压国内的反抗，于是湘淮军应运而生。随着湘淮军领袖担任地方督抚等要职，地方势力大

大增强，中央势力衰落，逐渐形成了历史上曾有过的所谓"内轻外重"局面。这种局面并非完全不可扭转，但是满族贵族的人才已远非清朝前期可比，所以，虽然明知这种内轻外重局面对王朝的统治不利，但清廷仍不得不重用汉大臣，尤其是在地方上。咸丰、同治和光绪前期，湘淮军领袖虽然权势很大，但他们大多是科举出身，基本是传统的士大夫，忠君观念对他们有根深蒂固的影响。在他们的心目中，清王朝与中国历史上的汉唐宋明各朝并没有什么不同，所以他们对清朝并无异心，也不刻意培植自己的势力，而他们的存在，对清王朝的统治并不构成重大威胁。但是，晚清最后十年的新政时期就不同了，新政时期，围绕袁世凯形成了庞大的北洋政治军事集团，一个对清王朝可能有"异心"并构成一定威胁的集团。

前面说过，咸丰、同治以后，满族贵族人才已大为没落，而在清最后十年的新政时期，满族贵族的人才更为凋零。应该说，几乎每一代王朝的末期，统治阶层都会人才（或者忠于最高统治者的人才）凋零，这是世袭君主专制制度决定的，并不只是清朝特有的现象。因此，清廷只能重用不那么可靠的汉族大臣。自曾国藩先后出任两江总督和直隶总督以后，这两个职务几乎成了汉族官员的专利。晚清最后十年，地方高级官员之中，在新政上做出较大成绩的，也是汉族官员，袁世凯就是这样的"能臣"。到1906年，袁世凯的职务有：直隶总督兼北洋大臣、参预政务大臣（督办政务处）、督办电政（电报）大臣、练兵处会办大臣、督办关内外铁路大臣、津镇铁路大臣、会办商约大臣、办理京旗练兵大臣、京汉铁路大臣。这些职务大多是有权有利的，并不是一般的虚衔。对于朝政，袁世凯的意见也举足轻重。如日俄战争时，清廷就是采纳了袁世凯的意见而宣布局外中立；废除科举，也是采纳袁世凯和张之洞等地方官员的建议。所以，袁世凯的权势、实力和影响，实已超过从前带兵的曾国藩和李鸿章。谈到袁世凯集团，人们一言以蔽之曰"军阀"，这话虽然不错，但如果片面强调袁世凯军阀的性质，则容易使人们忽视其庞大的复杂的利益集团的性质。

实际上，袁世凯的势力是包含了政治、经济、军事各方面实权人物及文人谋士在内的军阀官僚集团。进一步说，以袁世凯为首的北洋系是在清末新政时期成长起来的对清政府具有离心趋向的利益集团。我们对北洋派人物做一点初步的分析可以看出，袁世凯集团的骨干既有旧文人，也有新留学生；武人既有军事学堂学生，也有旧军军官。从出身和教育背景来说，这些人有新也有旧，他们也同袁世凯一样，不新不旧，亦新亦旧。

北洋派不是新社会精英，他们是旧王朝衰落过程中产生的非新非旧的利益集团。这种利益集团和新的社会阶层是不同的，利益集团会随形势的变化而变化甚至消亡，新知识分子则不会。但是两者都不断削弱清政府，威胁它的存在。在中国历史上，王朝衰落的过程中常常会伴随着这种利益集团的发生和发展，而这种利益集团的发生和发展也是旧王朝衰落的重要原因。东汉末

年的军阀豪强割据，唐末的藩镇割据，都是这种情况。就北洋派来说，他们既不是新社会的缔造者，也不是旧王朝（清）的继承人。

五、清朝的灭亡

晚清社会结构发生的变化是国家促成的，而国家促成此种变化的动因还是列强侵略的刺激。下面即分析清末社会结构变化反过来对国家的影响——清朝的灭亡和民国初年的政治形势。

一般说来，一个政权的存在，一种政治体制的存在，与社会的结构及各种政治利益集团的关系有着十分密切的关系，而当社会阶层和利益集团发生变化时，相应地，一个政权和政治体制也会发生变化。应该说，清朝的灭亡不是一种因素作用的结果，但社会结构的变化的确是主要原因之一。

传统社会和政治体制依托的是士农工商所谓四民社会结构。士是社会的精英和领导者，他们是传统政治的统治基础。农工商作为基本的社会成员，一般他们服从或默认现存统治，只要现存政权能够给他们一个生存的起码环境，他们基本上别无所求。在皇权的统治下，各阶层的利益和要求都能得到起码的满足。所以，迄鸦片战争为止清朝的统治基本是稳固的。但是晚清新出现的阶层和集团的政治背景、利益和政治要求与以前的社会阶层大不相同。

作为王朝统治基础之一的绅士阶层发生了巨大变化，新绅士阶层兴起，他们从清王朝的完全支持者变成了清王朝的准平等合作者，他们强烈要求扩张他们的权势，如果清政府不让他们参与政权、在政治上给他们一席之地，他们就会走向清朝的对立面。事实上，当新绅士——立宪派速开国会也就是直接参与政权的愿望没有得到满足的时候，特别是皇族内阁成立的时候，相当多的立宪派已因为失望而准备向革命靠拢。至于商人和新式企业家，在政治上是新绅士的附庸，他们的存在，加强了新绅士的力量。此外，分散的旧派绅士已日趋衰落，能量较小，已不能领导社会，而他们反对新政的一些活动只会削弱清政府的统治。新知识分子大部分人企图推翻清政府，不必细说。以袁世凯为首的北洋集团是政治上举足轻重的利益集团，他们本应是清王朝统治力量的一部分，但为了自身利益，这一集团可以支持清王朝，也可以背叛清王朝，甚至可以取而代之，就像许多朝代末期的利益集团那样。宣统年间他们与满族少壮亲贵的矛盾激化，革命爆发后，他们终于采取了取清王朝而代之——也是对这一集团最有利的策略。

以上三个社会阶层和集团，是主导政治变化的力量，清末民初的政治变动，主要是这三种力量活动的结果。

我们再对其他阶层做简单的分析。

农民人数最多，是当时变化最少的阶层。一般来说，在承平的年代，农民满足于现存秩序和现状。在清朝统治的最后十年，继义和团失败之后，农民在政治上无大的表现。但是，晚清的战争赔款（甲午战争、庚子赔款）以及新政所需的诸项经费大大加重了他们的负担，所以他们的不满情绪自太平天国运动以来再次明显增大。他们反对新政，反对新政带来的苛捐杂税，反对新政可能改变他们的生活。清政府存在的最后十年，农民小规模的反抗事件十分频繁，这些反抗同样削弱了清王朝的统治。农民缺少一个明确的政治目标，他们只是希望过上平静的、小康的甚至只是简单维持生存的生活。对革命党的排满宣传，他们能够认同，但无论是同盟会——国民党的共和主义，还是新绅士——立宪派的君宪主义，他们都因为距离其生活太远而几乎是漠不关心。

政府官员是既得利益者，他们本应全力支持这个维持他们利益的清王朝。但是，清王朝存在的最后十年，政府中满汉矛盾、中央与地方的矛盾已十分尖锐。尤其是宣统年间，除了袁世凯利益集团自成一体外，大多官员们对朝廷也已是离心离德，武昌起义爆发后，能够为清政府卖命抵抗革命至死的官员已经很少很少，与太平天国时形成了鲜明的对照。在这个变化了的社会里，几乎每个阶层都有自己的要求，而这些要求又都不是以清政府的必须存在为前提。清政府成了各方矛盾的焦点，它没有能力解决这些问题。社会结构的变化，再加上整个社会普遍对清政府失望、不满，迫切希望改变中国落后和受欺辱的现状，这些也足以使清政府垮台。可以说，清王朝是社会结构变化的最大牺牲品。

结语

近年来，清王朝的历史片断，在影视剧和文艺作品中得到越来越多的展现，人们对清朝历史也就产生了更多的兴趣。本书通过对"康乾盛世"后大清王朝1796年到1912年间116年的历史进行分析，经过系统科学地归纳，向读者总结了清王朝衰亡的过程与原因。清王朝是我国封建社会最后的一个王朝，也是我国少数民族（满族）贵族建立的中央集权的统一政权，它又是中国半殖民地半封建社会开始的一个王朝。通过阅读本书，会使读者更加理解清朝衰亡的历史必然性，进而引出读者对历史规律的反思，有一定的参考价值。

唐代诗人杜牧在《阿房宫赋》中说："呜呼！灭六国者六国也，非秦也。族秦者秦也，非天下也。"一语道破了朝代兴亡的真实原因。清王朝的覆灭同样是自作自受，也是近代中国封建统治逐步衰败、腐朽、没落的必然结果。从清王朝由盛到衰、走向灭亡的历史过程中，现代社会应当汲取什么教训？除历史教科书提出的"帝国主义列强贪得无厌的侵略、掠夺，内忧外患导致王朝更加破落不堪；统治阶层的内耗、民族矛盾的爆发，再加上资产阶级民主革命给予摇摇欲坠清王朝的最后一击，终结了中国的最后一个封建王朝的统治"这样一些原因外，还应看到：

1. 晚清政府思想腐败，执政能力太弱。在西方进入工业化革命的时候，晚清还抱着老祖宗的祖训来执政，对于思想的革命、科技的进步茫然不知。光绪、慈禧、宣统（隆裕太后）等执政者不是懦弱无能就是蛮横无理、冥顽不化或乳臭未干，偌大的帝国命运就掌握在这些人手里，怎能不败落！再加上各阶层官吏尸位素餐，不学无术者居多，几乎到了无官不贪的地步，就连八旗子弟也不愿为爱新觉罗家族卖命了。

2. 开办卖官买官的捐纳制度造成吏治败坏，直接加速了它的灭亡。晚清时期只要有钱，下至刚出生的娃娃，上至昏昏然的太翁都可买个官位，多掏钱还可以买到实职，这样的官员怎能为百姓办事，为朝廷着想？按"商品"交换原则，当上官后怎能不尽快捞本？清代社会对于官员的道德规范和行为准则有不少规戒，即所谓官箴。康乾盛世，恪守官箴的官员相对较多；晚清衰世，顾惜官箴者便越来越少。清代州县衙门大堂的前面都立有一座碑，上面写着："尔俸尔禄，民膏民脂。下民易虐，上天难欺。"这座碑称为戒石铭，又叫戒石箴，是皇帝用来戒饬官吏奉公守法、不得贪赃虐民的。戒石铭赫然在目，但官员们熟视无睹，照样贪赃残民。对此，有人在每句铭文下面各加了一句话，加以讽刺："尔俸尔禄，只是不足；民膏民脂，转吃转肥。下民易虐，来的便著；上天难欺，他又怎知？""转吃转肥"即越吃越肥，"来的便著"即遇民便虐。

3. 以小农经济为主的封建社会里，生产资料特别是土地的高度集中引发了普遍的社会不公，民众不满，从而引发农民、市民的骚乱、起义。中国传统文化中"不患寡，患不均"的小农经济思想本身就带有社会不稳定因素的基因。社会变革或者动乱时期失地农民及失业工人激增，社会混乱达到一定临界点，就会有秘密社会、邪教思想的介入，形成与主流社会对立的地下组织。晚清 1840—1910 这 70 年间，在白莲教、太平天国、义和团以及各类秘密会道门的轮番折腾下，一天也没安生过。

4. 以中国的古训来说，"得人心者得天下，失人心者失天下"。晚清政府的倒行逆施、横征暴敛的内外政策完全失去了民心。清末流传童谣说："不用掐，不用算，宣统不过二年半。"这里的"人心"，不单指广大士民工商，普通百姓，也包括众叛亲离的中上地主阶层的有识之士，新兴民族资产阶级和广大知识分子，甚至一些投机分子、野心家也投入了反清洪流。社会思变而清廷没有能力控制舆论导向。晚清在内政和外交方面失策颇多，以至于民心尽丧，一系列丧失主权的条约更使民众对清政府失望。再加上中国长久以来存在的官场腐败，以及晚清愈演愈烈的官商勾结，都不断加深民怨。

本书的写作，以历史事实为依据，通过对多种参考文献资料的分析，以较通俗流畅的语言和文字叙述史实，力争使历史的真实性与可读性相结合。清王朝衰亡的历史非常长久，史料浩如烟海，有些事件各种文献诸说不一，加之笔者水平有限，凡有错误与不妥之处，欢迎读者指正。

参考文献

1. 汪敬虞. 十九世纪西方资本主义对中国的经济侵略［M］. 北京：人民出版社，1983 年.

2. 列强在中国［M］. 哈尔滨：黑龙江人民出版社，1982 年.

3. 胡绳. 帝国主义与中国政治［M］. 北京：人民出版社，1952 年.

4. 李明银，武树帜. 帝国主义对华经济侵略史况［M］. 北京：经济日报出版社，1991 年.

5.［美］马士. 中华帝国对外关系史［M］. 上海：上海书店出版社，2000 年。

6.［美］费正清. 剑桥晚清中国史［M］. 北京：中国社会科学院出版社，2000 年.

7. 蒋建平. 简明中国近代经济史［M］. 北京：北京大学出版社，1985 年.

8. 谢毅，王晓秋. 近现代中国的革命［M］. 北京：北京出版社，

1987 年.

9.《近代中国史稿》编写组.近代中国史稿［M］.北京：人民出版社，1976 年.

10.李治亭.清史（上、下册）［M］.上海：世纪出版集团，上海人民出版社，2002 年.

11.陈旭麓.近代中国八十年［M］.上海：世纪出版集团，上海人民出版社，1983 年.

12.章开沅，陈辉.中国近代史普及读本［M］.武汉：湖北人民出版社，1983 年.

13.张玉彬.中国近代革命史［M］.北京：北京工业学院出版社，1987 年.

14.许纪霖，陈达凯.中国现代史（第一卷）［M］.上海：学林出版社，2006 年.

15.白寿彝.中国通史［M］.上海：上海人民出版社，1999 年.

16.张海鹏，龚云.中国近代史研究［M］.福州：福建人民出版社，2005 年.

17.徐义生.中国近代外债史统计资料［M］.北京：中华书局，1962 年.

18.杜恂诚.民族资本主义与旧中国政府（1840—1937）［M］.上海：上海社会科学院出版社，1991 年.

19.邓绍辉.晚清财政与中国近代化［M］.成都：四川人民出版社，1998 年.

20. 陈国庆. 晚清社会与文化［M］. 北京：社会科学文献出版社，2005 年.

21. 罗荣渠，牛大勇. 中国现代化历程的探索［M］. 北京：北京大学出版社，1992 年.

22. 虞和平. 中国现代化历程［M］. 南京：江苏人民出版社，2001 年.

23. 陈旭麓. 近代中国社会的新陈代谢［M］. 上海：上海社会科学院出版社，2006 年.

24. 严洪昌. 20 世纪中国社会生活变迁史［M］. 北京：人民出版社，2008 年.

25. 许涤新，吴承明. 中国资本主义发展史(第二卷)［M］. 北京：人民出版社，2003 年.